페미니즘 윤리학은 있는가?

페미니즘 윤리학은 있는가?

안네마리 피퍼　지음

이미원　옮김

서광사

이 책은 Annemarie Pieper의 *Gibt es eine feministische Ethik?*
(Wilhelm Fink Verlag & Co. KG., 1998)을 완역한 것이다.

페미니즘 윤리학은 있는가?

안네마리 피퍼 지음
이미원 옮김

펴낸이—김신혁
펴낸곳—서광사
출판등록일—1977. 6. 30.
출판등록번호—제 5-34호

(130-820) 서울시 동대문구 용두 2동 119-46
대표전화·924-6161 팩시밀리·922-4993 전자우편·phil6161@chol.com
http://www.seokwangsa.co.kr

제1판 제1쇄 펴낸날·2004년 6월 30일

ISBN 89-306-2539-8   93190

역자서문

역자는 문제의식을 통해 전통철학의 주제들을 비판적으로 성찰하는 하르트만(N. Hartmann)의 가치윤리학을 공부하면서 새로운 관점이 사유를 근원적이며 포괄적으로 만들 수 있다는 체험을 하였다. 그의 가치에 대한 현상학적인 통찰은 윤리학의 물음들을 비판적이며 폭넓게 수용할 수 있는 토대를 마련하였으며, 전통적인 규범윤리학에 대한 그의 비판적인 성찰은 현대의 응용윤리학의 논의에도 적용될 수 있다고 생각하게 되었다.

피퍼(A. Pieper)의 《페미니즘 윤리학》은 《페미니즘 윤리학은 있는가?》라는 원제목을 갖는다. 4년 전 이 책을 발견하고 관심을 갖게 된 것은 전통적인 윤리학에 대한 비판적인 논의와 현대의 응용윤리학의 논의들 사이의 연관성을 모색해야 한다고 생각하고 있을 때 그에 대한 하나의 시도가 이 책에서 이루어지고 있다고 보았기 때문이다. 역사성을 갖는 인간의 행위원칙을 전통적인 사유에 대한 비판적인 성찰을 통해 사유하려고 하는 현실세계의 인간행위에 대한 이론으로서 윤리학의 문제의식이 피퍼의 이책에서 잘 드러나고 있었다.

이 책은 그리 길지 않다. 하지만 짧다고 이해하기 쉬운 것은 아니었다. 그것은 철학사에 대한 젠더 관점의 비판적 성찰을 필요로 하기 때문이었다. 분명히 이 책에서는 윤리학의 전통적인 물음들에 대한 또 하나의 비판적인 논의가 이루어지고 있었다. 젠더 관점이라고 하면 보통 사회학에서 여성해방 문제를 다루기 위해 도입된 방법론이라고 알고 있었던 역자는 번역을 해 나가면서 이 관점이 철학적 진리를 드러내는 하나의 동기가 될 수 있다고 생각하게 되었다.

역자는 3년 전에 이미 이 책에 대한 초역을 마쳤다. 하지만 그 동안 세상에 내놓지 못한 것은 번역에 대한 자신감이 없었기 때문이다. 독일어가 어려웠던 것은 아니다. 하지만 철학사에 대한 비판적 성찰을 젠더 관점으로부터 시도하는 것이 갖는 의미를 잘 소화할 수 없었다. 그래서 역자는 사회학에서 다루는 페미니즘의 문제의식을 공부하면서 이 책의 맥락을 좀더 깊이 있게 이해할 수 있도록 노력하였다.

2년 전 역자는 초역 원고를 가지고 한국외국어대학교 교육대학원 윤리교육학과 학생들과 함께 세미나를 한 적이 있었다. 독일어 원서를 직접 대할 수 없는 학생들은 번역에 의존하여 내용을 이해하려고 노력했는데, 직역에 가까운 글이 잘 들어오지 않는다고 말했다. 그래서 역자는 이 책의 보급을 위해서는 다소의 '반역'이 필요하다는 생각을 하게 되었다.

초역을 마치고 피퍼(A. Pieper)의 문제의식에 감동을 받아 번역서로 내놓기로 마음먹고 번역출판을 허락해 달라는 이메일 편지를 바젤(Basel)의 은퇴한 여교수에게 보내었다. 그 분은 즉시 답장을 통해 기꺼이 허락한다고 하면서 한국에서도 많은 공감대가 형성되기를 바란다고 덧붙였다.

반역이 지나쳐 저자의 본래적인 의도가 가려졌다면 그것은 전적으로 역자의 책임이다. 하지만 사회적으로 여성문제에 대한 관심이 증가하고 페미니즘에 대한 철학적 성찰이 요구되는 이 때에 페미니즘 이론에 관심이 있는 연구자들에게 이 책이 다소 도움이 될 수 있기를 기대한다. 더불어 이 번역서가 가지고 있는 문제점들에 대한 냉정한 지적을 바란다.

2004년 6월 지묘동에서
이 미 원

차 례

CHAPTER 1

들어가기

철학의 출발은 삼천여 년 전으로 거슬러 올라간다. 그런데 이러한 철학의 역사를 되돌아보려고 할 때 우리는 그 속에서 여성들이 나타나고 있지 않음을 발견한다. 사람들은 도대체 여성철학자가 있었는지, 아니면 위대한 사상가로 인정할 수 있을 만한 여성이 있었는지에 대해서 의심이 들 정도로 여성들에 관한 이야기를 들어 본 적이 없다. 사유는 처음부터 남성들에게서만 가능한 것이었다. 남성들은 아주 당연하게 사유를 자신들만이 할 수 있다고 주장했으며, 여성과 사유는 거리가 멀다고 말한다. 그들은 그것이 여성이 남성과 다른 점이라고 한다. 사유는 이렇게 남성과 여성을 분리하는 기준이 되었다. 여성이라고 하면 떠오르는 여러 가지 말이 있다. 그 중에 가장 대표적인 것은 머리는 없지만 아름다운 인간 종이라는 것이다. 오늘날 이런 말을 사람들이 듣게 된다면 당장 거부반응을 보일 것이다. 예전에는 그렇게 생각했을지 모르지만, 그것은 선입관에 불과한 것이라고 하면서 무시해 버리고 말 것이다. 그런데 실제는 어떤가? 독일어를 사용하는 유럽 지역에서 '철학' 과에 소속된 종신직 여교수들의 숫자를 헤아려 보면 실태를 짐작할 수 있다. 우리가 양 손의 손가락을 사용하여 꼽아 보아도 손가락이 남을 정도이다. 그 수가 2%도 되지 않기 때문이다. 이러한 사실만 보아도 우리가 무시해 버린 선입관이 아직도 사라지지 않았다는 것이 입증된다. 사유를 담당하는 정신은 예나 지금이나 남성들이 소유하고 있는 것이다. 여성들도 사유할 수 있다고 인정되고 있는 부분은 매우 제한된 범위에서 나타난다. 여성은 양념처럼 살짝 나타나고 있다. 그렇게라도 나타날 수 있는 것은 남성들이 크게 배려해 준 덕이라고 하면서 공치사가 따라 나온

다. 몇 천년 동안 여성들은 사유능력이 없는 존재로 무시
당해 왔다. 그런데 여기서 놀라운 점을 발견하게 된다. 우
리가 거리에서 흔히 마주칠 수 있는 보통 남성들, 그들을
지극히 상식적인 남성이라고 표현한다면, 그들은 여성의
지적인 능력을 무시하지 않는다는 것이다. 그들은 여성과
함께 지적인 대화를 나누려고 한다. 그런데 철학자들은 여
성과 함께 사유를 공유하는 것을 싫어한다. 철학자들은 이
성적인 판단능력을 가지고 학문을 연구할 수 있었다. 또한
일정한 거리를 유지하고 사태를 비판적으로 관찰한다. 따
라서 철학자들은 보통 상식적으로 생각하는 사람들보다는
사실에 대해 더 잘 판단할 수 있어야 한다. 그런데 박식하
고 지식이 풍부하기로 소문난 아리스토텔레스를 보자. 그
는 남성이 여성보다 우월한 종이기 때문에 여성을 지배할
권리를 갖는다고 말한다. 그 말을 받아들일 수 있는가? 여
성은 '발육이 불완전한 남성'으로부터 생기고, 다른 사람
을 위해 봉사만 잘 하면 된다(국가 1254 b 12). 능력이 있고
지도력을 갖춘 여성은 '자연(본성)에 거슬러 태어난' 것이
라고 한다(1259 b). 칸트는 여성이 학문 연구를 할 수 없다
고 전제하는데, 그의 생각을 어떻게 받아들일 수 있을까?
칸트는 여성은 남성처럼 '깊이' 생각하지 않고 '아름답게'
생각한다고 말한다. 따라서 여성은 '필요하지만 건조하고
추상적인 사유나 인식'에 종사할 수 없고, 남성과 남성에
게 유익을 끼치는 일에만 신경쓰도록 해야 한다.[1] 쇼펜하
우어는 좀더 극단적으로 여성이 재능을 가질 수 없다고 한

---

1) Kant, Immanuel: Beobachtungen über das Gefühl des Schönen und
   Erhabenen. Wilhelm Weischedel이 편집한 전집 제2권, Darmstadt
   1960, 843면 이하 참조.

다. 왜 그런가?[2]

여성이 인간이라는 사실에 의문을 갖는 것에 대해서 어떻게 생각하는가? 여성은 논리적으로 말할 수 없으므로 합리적인 논쟁을 할 수 없다고 판단하는 것이 옳다고 보는가? 여성들은 멍청하고, 머리가 없고, 비합리적이고, 수다스럽고, 신경질적으로 만들어진 존재이기 때문에 이들을 남성이 이끌어 주지 않으면 동물처럼 살 수밖에 없다고 말한다. 이런 생각이 예로부터 '지배'적이었다. 철학자라 하면 자의적인 주장을 내세우지 않는다. 그리고 자신들의 논제를 주장하기 위해 근거를 제시하는 습관이 배어 있다. 그렇다면 그들에게 이러한 여성에 대한 규정이 어떤 근거에서 생겨난 것인지 물어 볼 수 있을 것이다. 그들은 이를테면 여성이 비합리적이라는 것에 대해 경험으로부터 나온 근거를 제시할 수 있는가? 예나 지금이나 멍청한 여성들은 있다. 여기서 멍청하다는 것은 개인의 지적인 능력을 평가했을 때 나타나는 현상이다. 그리고 그러한 평가에 의해서 멍청하다고 말한다면 무엇이 문제가 되겠는가? 그런데 그런 식의 평가는 마찬가지로 남성들에게도 적용될 수 있는 것이며, 이에 따라 멍청한 남성들이 발견될 수도 있는 것이다. 이것은 과거에도 그랬고 현재도 그렇다. 이렇게 본다면 더 이상의 논쟁은 필요가 없을 것이다. 그러니 경험적으로 여성이 열등하다는 명제를 뒷받침할 수 있는 근거란

---

2) Schopenhauer, Arthur: *Die Welt als Wille und Vorstellung.* 제1권(전집, 제2권), Darmstadt 1968, 696면 참조. "어리석음은 여성들에게 해로운 것이 아니다. 뛰어난 정신력, 혹은 재능은 병적인 상태로서 이롭게 작용할 수 없을 것이다."

없다고 보아야 한다. 그런데 철학자들은 매우 세련된 논증을 통해서 그 근거를 내놓으려고 한다. 예를 들자면 그들은 본성을 끌어들인다. 여성은 남성보다 눈에 띄게 육체적으로 약하다는 것이다. 육체가 강할수록 의지와 이해능력도 더욱 뛰어날 수 있다고 말한다. 이것을 통해 육체가 약하면 정신적으로도 나약해질 수밖에 없다는 것을 주장하고자 한다. 그런데 우리는 이것이 잘못된 추론이라는 것을 이해시키려고 노력할 필요를 느끼지 못한다. 왜냐하면 그 자체로 오류가 뻔히 드러나고 있기 때문이다.

여성이 지나치게 충동적이지 않은가에 대한 의혹에 대해서 우리는 왜 그렇게 보는지 물어 볼 수 있다. 이에 대해 철학자들은 여성이 스스로 감정의 노예가 되고 지나치게 감정적으로 흐르다가 명백한 사유를 할 수 없게 되는 경우를 흔히 볼 수 있다고 말한다. 그리고 더 나아가 여성이 본래 능동적이지 못하고 수동적이라고 한다. 이런 측면에서 볼 때, 여성은 물질과 크게 차이가 나지 않는다. 물질은 태만하여(자발적으로 할 수 있는 일이 없어서) 이해능력을 가진 존재를 필요로 한다. 기독교의 원죄설에 따르면, 여성은 순수하지 못하고 우주의 질서를 따르려 하지 않는 방자한 존재이다. 즉, 지나치게 감각적이어서 자기 꾀에 빠져 버리기 때문에 진정한 존재가 될 수 없다는 것이다. 게다가 여성은 육감적인 유혹으로 남자를 몰락시킨다. 남성의 정신은 여성 때문에 실추되고 더럽혀진다. 우리는 역사가들이 인류의 죄의 근원을 모두 여성들에게 돌리고 있음을 볼 수 있다. 여성들에게 돌리지 않으면 물질적인 자연에게 그 근원을 돌린다. "남성들이 죄를 짓게 되는 것은 여성 때문이

여성은 지나치게
충동적이지 않은가?

13

다"라고 말한다면, 판단이 잘못되었다고 하지 않는다. 남성들이 잘못을 저질렀다고 해도 그 책임은 여성들이 져야 하는 것이다. 정신이 통제할 수 없는 충동과 천박한 정념에 빠져들게 된 것은 여성들 때문이라고 하면, 여성은 그것을 인정하고 속죄해야 마땅하다. 이렇게 여성들에게 내재되어 있는 풍부한 감성은 폭력을 휘두르고 번식을 원하는 남성들의 정신에 예속된다. 남성들이 꾸미는 전체적인 억압 구조와 착취의 음모는 언제나 정당화될 수 있었다. 물론 이러한 것들은 남성들의 이익과 권력에는 기여하겠지만 성숙하지 못한 것이다. 이렇게 인류는 미성숙한 상태로 머물러 있었다.

그러면 철학의 역사가 그렇게 장구한데, 정말로 여성철학자는 없었을까? 크리스티나 폰 브라운(Christina von Braun)은 여성철학자란 있을 수 없었다고 말한다. 그녀는 이렇게 결론지었다. "서양에서 사상가가 되기 위해서 정말 잘해야 하는 것이 있다. 다시 말해, 언급할 수 없는 대상인 '여성'을 추상적인 언어로 은폐시키는 일을 잘해야 한다. 이 일을 얼마만큼 잘할 수 있는가에 따라 사상가가 될 수도 있고 안 될 수도 있기" 때문이다.[3] 그녀는 이와 관련하여 '남근 논리에 따른(phallosophisch)' 가치의 왕국과 '남근을 중심으로 한 성'[4]에 대해 언급한다. 남근은 끝이 없는 남성의 주권욕구를 상징하는 것이다. 이러한 욕구는 여

---

3) Christina von Braun: *Nicht ich*. Logik-Lüge-Libido, Frankfurt a. M. 1985, 11면.
4) 같은 곳, 63면.

성에게서 머리(사유)가 사라지게 한다. 여성은 그로 인해 머리의 영역인 사유와 철학으로부터 내몰리게 되었다.

그러나 아주 드물게 철학 문헌에서 여성이 언급되는 경우가 있다. 여기서 언급되고 있는 여성들은 대체로 여신, 예언자, 시의 요정, 지혜로운 여성 노인, 아니면 수녀로 등장한다. 이들은 여성이라기보다는 성적으로 중성이라고 보는 것이 옳다. 그들의 육체는 결코 감각적이지 않기 때문이다.

오늘날 여성연구자들은 그들의 흔적을 찾으려고 했다. 그 첫 번째 결과로 기원전 400년에 무제이온에서 철학을 가르쳤던 히파티아(Hypatia)와 베네딕트 문화가 나타나기 전 신학과 철학 관련 책들을 저술했던 힐데가르트 폰 빙겐(Hildegard von Bingen, 1098~1179)을 찾아냈다. 여성철학자들은 이런 식으로 철학문헌에 나타나기도 한다. 이들이 어떻게 나타날 수 있었는지에 대해서 추측해 보면 결론은 이렇다. 남성철학자들이 사유의 영역에서 여성들을 모두 내몰려다가도 차마 그렇게 할 수 없는 여성들이 나타났던 것이다. 이들마저 내몰기는 자신들의 철학적 양심이 허락하지 않았을 것이기 때문이다.

여성은 남성이 할 수 없는 일을 할 수 있다. 그것은 아이를 갖는 것이다. 남성들은 여성만이 출산한다는 사실을 부정할 수 없다. 그래서 이에 대해 깊이 생각하다가 출산에 대해서 두 가지를 구분해 낸다. 육체적 출산과 정신적 출산이다. 전자는 어차피 여성만이 할 수 있는 것이기 때문

남성이 여성의 출산을 질투한다?

15

에 남성들이 생각해 낸 것은 정신적 출산의 가능성이다. 소위 머리로 정신을 낳는 일은 남성만이 할 수 있다고 주장하는 것이다. 그래야만 원칙적으로 남성에게는 불가능한 여성의 출산에 대해서조차 여성보다 우월한 위치를 차지할 수 있게 된다.

지나간 삼천여 년의 서양철학은 남성의 이권에 따라 정해진 사유의 모델이 제시되고 있는 것이다. 그러한 사유의 모델을 반드시 따라야 하는지에 대해서는 밝혀지지 않고 있다. 그러면서도 남성적인 사유는 인간의 사유를 대표하는 것으로 나타나고 있다. 이러한 점을 볼 때 우리가 성에 대한 차별적인 관점들에 길들여진 것에서 돌아서는 것, 다시 말해 성에 대한 편견을 없애는 것과 성에 대한 고정관념으로부터 벗어나는 것은 매우 가치 있는 일이다. 그렇게 함으로써 지배구조 대신에 협력관계가 나타날 수 있다. 여성에 대한 의혹과 상처들이 있었지만, 양성 모두에게 공통적으로 있는 이성의 화해능력은 양성의 대립을 극복하고 서로를 연결시켜 줄 것으로 보인다.

하지만 이것은 정말 어려운 일이다. 1958년에 있었던 법학에서의 논쟁은 이 사실을 보여 준다. 이 논쟁은 남성과 여성이 평등할 수 있는가에 대한 것이었다.[5] 문제가 된 부분은 헌법에 명시된 양성 평등의 원칙이 사람들이 자연스럽게 받아들이고 있는 '가정에서의 남성의 결정권'과 모순

---

5) Ziegler, Albert: *Das natürliche Entscheidungsrecht des Mannes in Ehe und Familie.* Ein Beitrag zur Gleichberechtigung von Mann und Frau, Heidelberg 1958.

관계에 있는 것으로 보인다는 것이다. 지금으로부터 40여
년 전 자연법철학자들은 왜 부부관계와 가족관계에서 남
성이 결정권을 갖고 있다는 사실이 자연스러운 것인지에
대해 근거를 제시하려 하였다. 그들이 제출한 소견서는
600면에 달한다. 이것이 발표되고 나서 독일에서는 공적
인 논쟁이 시작되었다. 그 소견서에 들어 있는 내용은 다
음과 같다.

> 인간의 몸은 두 가지 형태로 나누어진다. 통합형과 분리형이다.
> 그것은 그저 바라보고만 있어도 쉽게 구분할 수 있다. 남성의 몸
> 은 중점으로부터 퍼져 나가는 모양을 갖는 통합형이고, 여성의
> 몸은 주변의 퍼져 있는 부분들이 두드러진 중점으로 집중되는
> 분리형이다.[6]

  이러한 내용을 확인할 수 있는 곳으로부터 30면쯤 더 넘
기다 보면 남성과 여성의 결정권에 대한 결론이 나타난다.

> 남성은 명령할 수 있다. 남성이 세상과 맺는 비통합적인 자발성
> 은 명백하게 앞서 형성된 명령의 권리조항에 해당된다. 남성의
> 존재공간이 요구하고 있는 연합하려는 일면성은 법 영역에서 앞
> 선 명령요구의 귀결로서 증명되고 있다. [⋯] 여성은 순종해야 한
> 다. 여성이 세상과 맺는 통합적 수용성은 명백하게 순종 속에서
> 수행하고 있는 명령에 따르는 법적인 장치에 해당된다.[7]

  사람들이 그러한 선입관을 가지고 법이라고 언명한 지

---

6) 같은 곳, 57면.
7) 같은 곳.

40년이나 되었다. 그리고 사람들은 오늘날에도 여전히 남
성은 명령하고 여성은 복종한다는 도식 안에서 남성에 대
한 의식이 각인되고 있음에도 그것을 너무나 자연스럽게
인정하고 있다.

사람들이 현대의 여성상과 함께 오늘날 여성의 자기이해
에 관해 무엇인가 말하고자 한다면, 지금까지 정리한 역사
적인 배경과 여성에게 전통적으로 제시되어 온 역할을 알
아야만 한다. 이를 통해 여성들뿐 아니라 남성들도 헤아릴
수 없이 많은 어려움들을 극복해야 함을 깨닫기 위해서이
다. 남성들은 여성들이 부엌일과 살림살이만을 잘하는 것
이 아니라 남성들의 영역에서도 능력을 발휘하고 있다는
말을 들으면 매우 불안해한다. 정치, 경제, 학문 그리고 법
의 영역에서 이제까지 남성들만 발언권을 가졌었다. 그러
나 요즈음은 여성들도 그 분야에서 남성들과 경쟁하고 있
다. 여성들은 옛날이나 지금이나 그런 영역에서는 환영받
고 있지 않지만, 수천년 동안 유지되어 왔던 여성을 무시
하는 선입관들이 여전히 받아들여지고 있다고 볼 수도 없
다. 그리고 여성이기 때문에 우리가 살고 있는 이 세상의
활동적인 구성원이 될 수 없다는 것에 대한 합리적인 근거
는 더더욱 찾을 수 없는 것이다.

여성해방운동은 지금도 계속되고 있다. 남성들은 이에
대해 매우 반발하고 있으며 여성해방을 지지하는 여성들
도 지나친 활동에 대해서는 비판적인 입장을 취한다. 이에
대한 의식을 갖고 있지 않은 여성들의 반대는 더 말할 필
요도 없다. 하지만 여성운동은 여성들의 일을 가치 있는

18

것으로 인정하지 않고 여전히 비천한 것으로만 여기고 있는 현재의 상황에서는 바람직한 것이라고 생각된다. 오늘날 자연과 인류는 희망을 발견할 수 없다. 그것은 무엇보다 남성의 합리성에서 출발한 지배구조들에서 비롯된 것이다. 남성의 합리성은 모든 것을 지배하고 막강한 세력을 행사하였다. 하지만 그것은 지배를 받는 자, 약한 자, 억압받는 자들에게 따라올 파멸을 생각하지 않고 그들을 도구화하였다.

이러한 남성적인 지배구조들은 언어의 영역에까지 미치고 있다. 언어의 영역에서 여성의 자립성은 근래에 이르기까지 확보되지 못했다. 그것은 여성들이 남성들을 나타내고 있는 표현들 속에서 암시적으로만 파악되고 있었기 때문이다. 남성명사로 표현되는 단어들이 있다. 예를 들어 시민, 학생, 운동선수, 정치가 등등이 그것이다. 이 역할을 담당하는 사람들 중에서 남성들이 월등히 많다고 생각되는 것이다. 그러나 여성의 기능과 수행능력이 훨씬 더 많이 반영되고 있고, 다수의 여성들이 분포되어 있는 영역에서도 여성을 나타내는 언어는 없다. 의사들이 모이는 심포지엄을 예로 들어 보자. 참가하는 사람들 중에는 여의사가 남자의사보다 월등히 많다. 그런데도 그 심포지엄은 남성명사로 나타나는 의사들의 모임으로 표현된다. 페미니즘의 언어비판은 이러한 사실을 지적함으로써 언어에 대한 새로운 감각을 가질 수 있도록 만들었다. 다시 말하면 언어가 일방적으로 하나의 인간 종에만 집착하고 있다는 것이다. 그것은 여성들이 배척되고 있는 여러 가지 방식들 중에 하나로 등장한다. 언어는 인간의 삶에서 매우 중요한

> 여성은 남성과 더불어 존재할 뿐 여성만의 언어는 존재하지 않는다.

19

기능을 한다. 그러한 언어가 일방적으로 각인된 세계상과
현실에 대한 단층적인 인식을 반영하고 있다는 것이다.

　1988년 헤르더(Herder) 출판사에서 새로 출판된 철학 용
어사전과 1997년에 로볼트(Rowohlt)에서 나온 철학사전에
는 '페미니즘'이라는 단어가 빠져 있다.[8] 이것은 하나의
보기가 되고 있는 것이지만, 여기서 우리는 철학 분야에서
도 사정이 다르지 않다는 것을 알 수 있다. 다시 말해 페미
니즘이라는 것이 철학사상사의 한 맥락으로 보여지고 있
지 않으며, 관심의 대상이 되고 있지 않거나 지나가는 하
나의 유행쯤으로 무시당하고 있음을 보여 준다. 1985년에
서 1989년에 걸쳐 5권으로 출판된 사전에서도 페미니즘에
관한 항목은 없다. 하지만 우리는 '여성'이라는 주제어 아
래 '부부와 가정', '여성운동' 그리고 '성'을 지시하고 있는
것을 보게 된다. '부부와 가정'은 한 남성학자가(신학자가),
'성'은 또 다른 남성학자가 여성을 이해하고 있는 주제어
였고, '여성운동'은 두 명의 여성학자가 여성을 파악하고
있는 것이었다. 독립적인 용어로서 '페미니즘'이 소개된 것
을 발견한 것은 1988년 헤르더 출판사에서 나온 (1991년에
는 문고판으로 나옴) 여성사전이 유일한 것이었다. 페미니즘
이라는 용어가 독립적으로 제대로 소개된 사전을 찾는 일
이 이렇게 어려운 현실이 말하고 있는 바는 무엇인가? 그
것은 30여 년이 넘도록 미국과 프랑스 그리고 독일어권에
서 여성에 관해 학문적인 논쟁이 이루어졌지만, 하나의 시

---

8) 문고판으로 새롭게 나온 것에도 페미니즘 철학에 관한 짧은 항목이
　담겨져 있다.

대정신으로 기록되지는 못했다는 것이다. 사실 페미니즘에 관한 문헌들을 보면 무시할 수 없는 중요한 것들이 많이 있다. '페미니즘'이라는 말 자체가 많은 사람들에게 도전적인 영향을 미치고 있고, 또한 한 번도 페미니즘에 관한 글을 읽어 보지도 못한 사람들조차도 지지를 보내기는 한다. 하지만 사람들은 페미니스트의 이야기가 머리에서 나온 것이라고 생각하지 않는다. 그렇기 때문에 그 이야기는 비과학적인 잡담이라는 편견을 갖게 된다. 심지어 페미니즘에 대해서 호의적이며 수용하고 싶어하는 사람들에게서조차 그 동기를 이해하는 일이 정말 어렵다고 하소연하는 것을 들을 수 있다. 그럴 수밖에 없는 이유가 있다. 2,500여 년 동안 남성중심주의적 동기가 지배하면서도 그것이 성의 차별이라는 측면에서 파악되지 않았다는 것이다. 그것은 오히려 합리적이며 성별을 초월하는 것으로 인식되었고, 지식의 대상으로 존재할 수 있는 것들이 보편적인지를 결정하는 관문의 역할을 담당했다. 오늘날의 페미니즘 철학은 하나의 흐름으로 나타나는 것이 아니다. 페미니즘 철학이 철학의 역사적 맥락에서 뿐만 아니라 체계라는 측면에서 보아도 의미 있는 작업을 시도하였지만, 종종 제기되는 비난을 면할 수는 없다. 그것은 복합적으로 나타나는 문제점들을 상호 연관성을 고려하여 신중하게 다루고 있지 못하기 때문이다.

사람들은 페미니즘에 대해서 제대로 알고 있지 못하다. 성에 대한 시각도 잘못되어 있고, 여성을 이해하는 방식도 문제가 있다. 우리에게 쓸 만한 것으로 알려진 율리안 니다 뤼멜린(Julian Nida-Rümelin)과 프랑코 볼피(Franco

전문 사전에서
여성을 찾는 것은
쓸데없는 짓이다.

21

Volpi)[9]의 《철학저술 백과사전(*Lexikon der philosophischen Werke*)》을 한 번 보자. 거기에는 1,147개의 항목이 있는데, 그 중에서 여성들의 철학책은 단지 6개의 항목만이 소개되어 있다. 한나 아렌트(Hannah Arendt), 헤드비히 콘라트 마티우스(Hedwig Conrad-Martius), 메히틸트 폰 마그데부르크(Mechthild von Magdeburg) 그리고 에디트 슈타인(Edith Stein)의 저술들이다. 물론 분야별로 매우 뛰어난 철학서들만을 소개하는 것이기 때문에 객관적인 기준으로 선별했다면 문제될 일이 없다. 그런데 아무리 그렇다고는 해도 시몬 드 보부아르(Simone de Beauvoir)의 작품이 빠져 있다는 것은 이해가 안 된다. 니다 뤼멜린이 편찬한 《현대의 철학(*Philosophie der Gegenwart*)》[10]이라는 사전에서도 사정은 마찬가지이다. 이 사전에는 여성들의 작품을 좀더 적극적으로 소개하고 있는 듯한 인상을 받는다. 전체적으로 131명의 작품이 소개되어 있는데, 그 중 7명의 여성들이 나타난다. 엘리자베스 안스콤베(Elizabeth Anscombe), 한나 아렌트, 헤드비히 콘라트 마티우스, 뤼스 이리가라이(Luce Irigaray), 율리아 크리스테바(Julia Kristeva), 에디트 슈타인 그리고 시몬 바일(Simone Weil)이다. 얼핏 보기에도 정말 여성들의 이름이 적게 나온다. 이 책에서는 더욱이 사르트르가 나오는데, 시몬 드 보부아르는 나오지 않는다. 그리고 요즘 페미니즘 논쟁을 주도하고 있고 1990년도부터 이미 국제적으로 명성을 얻고 있는 세일라 벤하비브(Seyla

---

9) Nida-Rümelin, Julian / Volpi, Franco 편: *Lexikon der philosophischen Werke*, Stuttgart 1988.
10) Nida-Rümelin, Julian 편: *Philosophie der Gegenwart*, Stuttgart 1991.

Benhabib), 유디트 버틀러(Judith Butler), 캐서린 맥키논(Catharine MacKinnon), 산드라 하딩(Sandra Harding) 같은 미국 여성들이 빠져 있다. 물론 이러한 문제점들을 인식하고 출판한 두 권의 참고서적[11]이 있기는 하다. 그러나 이 책들은 철학하는 여성들에 관해 여성저술가들이 집필한 것이다. 이 책에서 사람들은 서양의 문화사에서 간과할 수 없는 204명의 여성철학자들의 목록을 발견하고는 놀라고 있으며, 이 목록 또한 아직 완성된 것이 아니라는 말을 들으면서 또 한번 놀라 눈을 비빌 정도이다.

이것은 정말 비교가 될 만한 상황이다. 다시 말하면 보는 시각에 따라 관심을 갖게 되는 대상들이 달라질 수 있다는 것이다. 이전에는 전혀 보이지 않던 것들도 다른 관점을 갖고 보면 갑자기 보일 수 있다. 그래서 성의 차이를 보는 것은 결국 여성들을 새롭게 이해하기 위한 것이기도 하지만, 남성들과 그들의 능력을 다른 시각에서 이해할 수 있게 함으로써 전혀 다른 사고방식을 갖게 하는 계기가 될 수 있다. 육체적으로나 정신적으로 남성들이 본성에 있어 탁월하다고 생각하는 것은 잘못된 이해이다. 왜냐하면 그 본성이라는 것이 처음부터 남성을 완벽하며 특별한 인간 존재로 전제하고 규정된 것이기 때문이다. 젠더의 관점으로부터 성의 차이를 본다면 그것이 처음부터 잘못된 것임을 알 수 있게 된다.

---

11) Rullmann, Marit: *Philosophinnen*. Von der Antike bis zur Aufklärung, Dortmund 1993; Meyer, Ursula / Bennent-Vahle, Heidemarie: *Philosophinnen-Lexikon*, Aachen 1994(제2판, Leipzig 1997).

남성을 자주적인 인간 이념에 가장 적합한 존재로 생각하게 된 것은 사회적인 구조 때문이다. 이 구조는 인간을 남성 위주로 이해하도록 하고 있으며, 수세기 동안 남성들뿐 아니라 여성들을 이해하는 데도 기준이 되고 있는 것이다. 그래서 결국 이것은 자연법적인 성격을 띠게 된다. 실제로 우리가 배워 온 것 중에 자연 혹은 진화의 결과로 관찰된 것까지도 남성중심주의적 해석의 결과이다. 그것은 권력에 대한 선험적 이해이며 세계의 다양성까지도 그에 따라 체계화시키고 있다. 그러한 이해에서 출발하게 되면 세상은 계급구조로 나타나는 질서를 가진 것으로 파악되고 그에 따라 서로 대립하는 사물들은 상하구조로 배열된다. 특히 논리적인 과정을 거친 결론들의 명령은 대립되는 양편을 동등하게 취급하지 않고 그 중 하나는 다른 것에 비해서 서열이 높은 것으로 만들고 만다. 이러한 유의 것으로서 우리가 습득하고 있는 것은 "영혼이 육체보다 훌륭하다", "남성이 여성보다 정신적인 능력에서 훨씬 탁월하며 영혼의 능력을 소유하고 있기 때문에 인간으로서의 가치가 높다" 등이다. 이제까지 여성들은 남성들보다 더 감각적이고 감정이 풍부하다고 하여 비이성적인 존재로 평가받았었다. 그렇기 때문에 여성들의 저술이 무시당하는 것은 그것이 감성적이어서가 아니라, 남성들의 획책 때문임을 짐작할 수 있다. 감성적 이성이 있다고 깨달은 사람들도 그러한 능력이 여성들에게 나타난다는 것을 인정하려고 하지 않는다. 오히려 감성적 이성과 감각에 대한 가치를 발견하면서 그러한 것들이 바로 남성적인 것이라고 주장하기 시작한다.

남성들은 인간관계를 인간적으로 형성하려면 합리성만
으로는 충분하지 않고, 사회적인 능력 또한 필요하다는 것
을 확증하게 되었다. 사회적인 능력에는 동정이나 연민 등
과 같은 다분히 감각적인 것들이 내포되어 있다. 이것은 감
성적인 지성의 필요성을 인식한 것으로 보이나, 감성 자체
를 비합리적인 것으로서 이해하는 것이 아니다. 오히려 인
간관계에서 요청되는 감성적인 부분을 이성적으로 확고히
하려는 의도를 내보인다. 그러나 여기서 그들이 간과하고
있는 두 가지 측면이 지적될 수 있다. (1) 여성의 판단과 행
위는 결코 이성이 배제된 감성('감각적 몽상')에서 비롯된
것이 아니다. 여성들의 일이라고 알려진 가사일과 환자 돌
보는 일 등에서 여성들은 이미 사회적인 능력을 습득하였
고, 이 능력은 전체적인 상황을 고려하고 인간에 대한 총
체적인 이해에 근거해 있다. 다시 말해 '머리'와 '손'으로
할 수 있는 합목적성이 결여된 상태가 아니라, 그것이 전
제되어 있는 상황에서 '가슴'이 덧붙여짐으로써 여성들의
탁월한 능력으로 나타나고 있다는 것이다. (2) 감성적 지
성이라는 단어는 합성어이다. 이 단어에서 말하고 있는 것
이 하나의 감각으로 평가되어서는 안 된다. 오히려 감각들
안에서만 깃들어 있는 합리성이 강조되어야 한다. 그러나
감각의 합리성이 남성중심주의적 사고로 이해되는 합리성
에 예속됨으로써 동등한 가치를 인정받지 못하는 것은 분
명히 지적되어야 한다. 카롤라 마이어 제할러(Carola Meier-
Seethaler)의 단행본 저서인 《느낌과 판단력(*Gefühl und
Urteilskraft*)》[12]은 감각이 이성에 환원되지 않고서도 서로

---

12) Meier-Seethaler, Carola: *Gefühl und Urteilskraft*. Ein Plädoyer für
die emotionale Vernunft, München 1997.

독립적으로 연관성을 갖고 있음을 보여 준다. 감각과 이성의 관계는 협력관계이다. 이러한 관계 안에서만 인간행위를 전체적으로 이해할 수 있다.

　현대의 윤리학을 전체적으로 조망하고 그 안에서 페미니즘 윤리학의 위치를 알 수 있도록 도표를 서론 끝에 첨부하였다. 윤리학은 크게 보면 두 갈래의 논의 방향을 갖고 있다. 하나는 순수(토대)윤리학으로 부를 수 있는 것이다. 여기서는 사실적이며 본래부터 규범이 될 만한 것이 규범으로서 타당하다고 주장한다. 이러한 주장은 근본적으로 보편적인 도덕의 타당성이 어디에서 오는가를 문제삼는 태도에서 나온다. 또 다른 하나는 응용윤리학으로 불리는 논의이다. 응용윤리학은 특정한 행위를 보편적인 원칙으로 규정할 수 있기 위해서 법칙과 규범을 구체화하려고 하며 그것이 의무와 관련을 맺도록 하려는 것이다. 예를 들면 의사들, 정치가들 혹은 과학자들 등으로 구분되는 특정한 행위집단이 원칙으로 삼고 실천할 수 있도록 의무를 규정하는 것이다.

　페미니즘 윤리학은 보편윤리학의 토대가 되고 있는 물음들을 반성할 뿐 아니라 응용윤리학의 문제들에 대해서도 비판적으로 논의한다. 그렇게 하기 위해서는 전통철학에서 당연한 것으로 여겨지던 남성중심주의적인 전제들을 반성해야 한다. 진정으로 철학적인 사고라고 할 수 있는 것은 인간에게 보편적으로 적용될 수 있고 성을 차별하지 않는 것이어야 한다. 페미니즘을 동기로 하고 있는 입장은 전통철학이 '사회적인 성역할 고정관념에 빠져' 있다는 사실에 대해서 근거를 제시하고 비판한다. 전통철학의 논의는 성적인 관련성을 배제하고 있으며, '오성'이나 '이성'의 관점에서 설명될 수 있는 것만이 보편적이라고 주장하는 남성적인 시각의 전형을 이루고 있다. 이것은 페미니즘 윤리학이 이제까지 영향력을 행사하고 있는 윤리학적 논의의 토대를 우선적으로 검토해야 한다는 것을 말해 준다. 그리고 동시에 남성중심의 도덕을 여성도덕으로 보충하는 일이 의미 있는 것인가에 대한 반성적인 성찰도 이루어져야 할 것이다. 결국 페미니즘 윤리학이 할 일은 인간에게 보편적인 도덕구성에 관한 기획이다. 응용윤리학에 있어서도 페미니즘 윤리학은 성의 사회적 역할에 대한 관점을 적용시킨다. 즉, 특정한 행위영역에서 남성중심주의의 요소가 들어 있는지 밝혀 낸다. 그럼으로써 동시에 정치윤리학, 생태윤리학, 경제윤리학 등의 가능성도 함께 모색되고 있다.

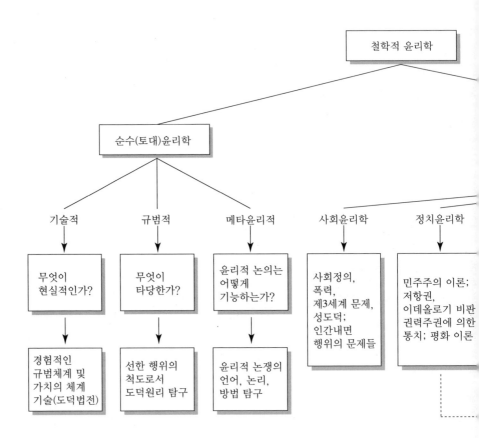

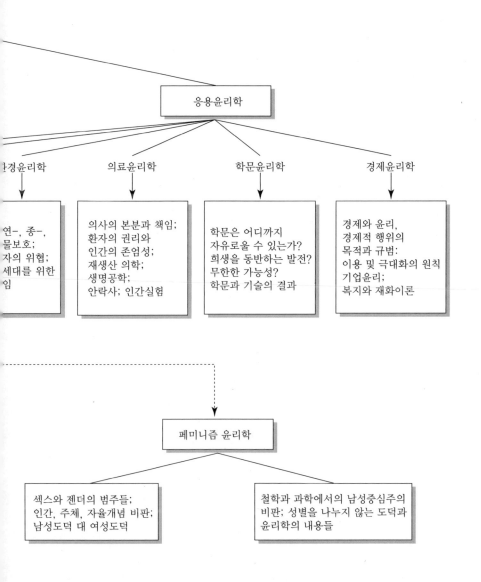

CHAPTER **2**

페미니즘 윤리학이란
무엇인가?

'페미니즘 윤리학'이란 여성들이 지난 20여 년 동안 집중적으로 벌여 왔던 하나의 도덕적 담론을 두고 일컫는 명칭이다. 그러나 이러한 명칭으로 표현함으로써 페미니즘 윤리학에 대한 잘못된 이해가 생겨날 수 있다. 사람들이 페미니즘 윤리학을 그저 여성들에게만 관계되는 윤리학의 한 형태로 생각할 수 있기 때문이다.

페미니즘 윤리학은 여성들에게만 의미 있는 윤리학이 아니다.

물론 여성들만의 상황이 있었다는 것이 고찰의 동기가 되고 있다. 여성들은 특별히 사적이고, 공적인 생활세계의 영역에서 억압을 당했고, 그 원인에 대해서 묻고 있기 때문이다. 그렇다고 하더라도 페미니즘 윤리학은 여성들만을 대상으로 하는 것이 아니라 남성들도 연구대상에 포함시킨다.

페미니즘 윤리학은

- 여성의 관점으로부터 전통윤리학을 단순히 발전시키거나 보충하려는 의도를 갖고 있지 않다.

- 기존의 논의와 경쟁하거나 대결하려는 의도를 가진 평행적인 작업을 지양한다.

- '여성적인' 도덕이 특별히 더 나은 것이라고 하면서 대립을 시도하는 단면적인 형식을 취하지 않는다.

도덕적이고 윤리적인 문제들을 페미니즘의 관점에서 논쟁하는 페미니즘 윤리학이 처음부터 분명히 목표로 삼고 있는 것은, 그 논쟁의 과정에서 드러난 바가 있는 것처럼 관점의 변화를 수행해 보는 것이다. 어쩌면 '코페르니쿠스적 전환'과 비교될 수 있을 것이다. 다시 말하면 칸트가 대상의 세계를 더 이상 인간의 인식능력에게 주어진 완성된 자연으로 파악하지 않고 대상성의 구조로서 파악함으로써 하나의 의식이 인식한다고 주장할 수 있게 되는 것과 같다.

페미니즘 윤리학을 '코페르니쿠스적 전환'에 비교한 것은 인간의 행위를 성찰할 때 성적인 차이를 무시하는 도덕성의 전제에서 출발하지 않고 여성과 남성의 도덕이 다르게 나타난다는 입장에서 시작하려 하기 때문이다. 이러한 관점의 변화를 가능하게 한 것은 '젠더(gender)'라는 범주가 새롭게 도입되었기 때문이다. 젠더는 '성'을 사회적으로 구성된 것으로서 이해함으로써 자연적인 성('sex')과 구별되고 있다. 생물학적인 존재로서 인간 개개인은 본성이나 유전적 기관들의 차이로 구분될 수 있겠지만, 젠더의 관점에서 보면 역사적 · 사회적 · 문화적인 발전과정에 따라 인간 존재가 형성된다. 생물학적인 인간의 육체에 성의 동일성을 결정적으로 '새겨 주는' 것은 사회문화적인 요인이라는 것이다.

페미니즘 연구가 집중하고 있는 것은 가부장 사회에서 여성의 사회화 과정이다. 하지만 가부장적인 사회구조 안에서 남성이 여성적인 것을 보잘것없는 것으로 보는 고정관념을 갖게 되었기 때문에 남성의 사회화도 동시에 문제 삼는다.

젠더 관점은 전통적인 도덕을 남성주의적 구성물이라고 폭로한다.

33

젠더의 관점에서 인간학과 윤리학을 논의할 때는 성의 차이를 주요 논제로 삼게 된다. 그리고 이제 더 이상 본질주의에 근거하여 통일 개념을 형성하기 위한 시도를 감행하지 않는다. 우리가 관심을 기울이는 것은 본질주의 안에서는 그려지지 않지만, 인간 그 자체에서부터 비롯되는 고유함을 개념적으로 탐구하는 것이다. 그러한 고유함을 논의하기 위하여 성역할의 동일성을 고찰한다. 우리는 이것을 생물학적인 성으로부터 추론될 수 있는 것이 아니라 사회적 관계의 억압 아래서 형성된 것으로 보고 있다.

페미니즘 철학은 실존철학이기도 하다. 그것은 인간을 개인적인 차원에서 고찰하며, '성'의 차이를 무시하는 추상적 보편성에서 인간 개념을 포괄적으로 정립하려는 태도를 지양하기 때문이다. 또한 인간 개인이 사회적인 권력구조에 귀속되어 있으며 그로써 개인의 정체성을 확보하는 데에 강요를 받게 된다고 의식하고 있는 점은 마르크스주의 철학의 문제의식과 동일하다. 페미니즘 철학은 더 나아가 포스트모더니즘의 해체주의적 시도와 매우 유사하다. 왜냐하면 전통철학의 본질주의를 그 논리의 강제성과 폭력성의 관점에서 폭로하고 있기 때문이다.

젠더의 관점에서 반성을 시도하는 것은 이렇게 여러 가지 철학적 사조와 공통성을 가지고 있는 것으로 나타나지만, 근원적으로는 사물에 대한 매우 독특한 시각을 갖게 하고 새로운 대상을 발견할 수 있게 한다. 전통적인 방식으로 사물을 보게 되면 어쩔 수 없이 희생될 수밖에 없는 것들이 있었다. 그것은 배제되고, 폐쇄되고, 훼손되고, 배

척된 존재로 나타나고 있는데, 그러한 존재들에 대한 시각
을 문제로 드러낸다. 페미니즘 윤리학은 젠더의 관점으로
부터 그러한 존재들을 성찰하고 있기 때문에 본질적으로
비판적이라고 할 수 있다.

- 페미니즘 윤리학은 인간행위에서 '남성'도덕과 '여
  성'도덕으로 분리되고 있는 것의 결함을 분석한다. 전
  통적으로 전해 내려오는 도덕은 '남성중심적' 혹은
  '가부장적' 전제를 가지고 있는 것이다. 다시 말하면
  남성의 사유와 행위의 습관이 보편적인 규범으로 생각
  되었다. 도덕규범은 처음부터 인류의 절반에게만 유리
  한 것이었다. 그것이 유리하게 적용되는 인류의 절반
  이 나머지 절반보다 그것을 더 잘 수행할 수 있다는 것
  은 너무나 당연한 일이다. 그러나 그로부터 전자의 절
  반이 후자의 절반보다 '원래부터' 우월한 이유가 되었
  고, 이에 따라 성의 차별도 생기게 된 것이다.

- 페미니즘 윤리학은 전통적인 윤리학의 원칙에 근원적
  으로 내포되어 있는 것이 무엇을 전제하고 있으며 그
  것이 어떤 방식으로 유지되고 있는지를 분석한다. 특
  별히 남성중심적 사유방식을 있는 그대로 폭로함으로
  써 동등한 인간 개개인의 서로 다른 관심과 요구를 반
  영할 수 있는 윤리학의 새로운 길을 열고자 한다.

> 남성도덕과 여성도덕
> 이 나누어지는 것은
> 본성 때문이 아니라
> 가부장적인 이해에서
> 비롯되는 것이다.

페미니즘 윤리학이 이렇게 비판적인 기능을 담당할 수
있을 때 전통윤리학을 수정할 수 있을 것으로 본다. 젠더
의 관점에서 출발하는 페미니즘 윤리학은 성을 포괄하는

도덕적 태도와 행위 원칙의 근거 및 정당성을 문제삼지 않는다. 오히려 성차별 구조는 일시적인 것임을 주장한다. 이것은 기술적인 관점에서 보면 문화적으로 그럴 수밖에 없는 것으로, 규범적인 관점에서는 구성적으로 그럴 수밖에 없는 것으로 주장되고 있는 부분이다. 그것은 생물학적 차이가 언제나 이데올로기적인 선입견, 즉 자연의 위협 때문에 나타나고 있는 것으로 생각되고 있는 것을 예로 들 수 있다.

CHAPTER 3

페미니즘 윤리학의
역사

젠더 관점으로부터 출발하는 일관되고 체계적인 반성은 70년대 초반부터 시작된 페미니즘 담론을 규정하고 있다. 이러한 논의가 등장하면서 여성의 문제는 여성의 해방을 요구하는 날카로운 소리나 동성애를 인정하라는 요구 등과는 다르게 새로운 사상적 동기로 발전하였다. 페미니즘은 정신과학, 문화과학 그리고 자연과학 등 모든 학문 분야에서 새로운 위치를 차지하게 되었다. 그런데 여기서 나타나는 특징은 여성운동의 주체세력들에서 볼 수 있는 것처럼 여전히 이 논의를 이끌고 있는 주체가 여성들이라는 점이다. 성차와 관련된 논쟁은 결코 한 가지 모습으로 나타나지 않는다. 페미니즘의 치열한 논쟁 속에서 젠더 관점에 대한 다양한 비판과 방법론이 형성된다. 그것들을 일괄해서 보는 일은 결코 쉽지 않다. 게다가 지역에 따라 전혀 다른 모습으로 발전하기 때문에 전체적인 논의의 연관성을 파악하기도 어렵다. 그리고 그들의 관계를 보기 시작한 것은 얼마 되지 않았다.

프랑스:
시몬 드 보부아르
(Simone de
Beauvoir):
《다른 성
(Das andere
Geschlecht)》
(1949)

프랑스의 시몬 드 보부아르는 약 50년 전에 《다른 성》이라는 책을 썼다. 그 책에서 우리는 제목에서는 나타나지 않지만 젠더 관점으로의 코페르니쿠스적 전환을 읽을 수 있다. "여성은 여성으로서 태어나는 것이 아니라, 여성으로 만들어지는 것이다."[13] 그녀는 이러한 도전적 논제를 통해서 '여성'이 생물학적인 범주로 분류되는 것이 아니라, 남성들의 시각을 통해 생겨난 구성물임을 나타내려고

---

13) de Beauvoir, Simone: *Das andere Geschlecht. Sitte und Sexus der Frau*, Reinbek 1992, 334면.

했다. 남성들은 여성들이 따를 규범을 제시했다는 것이다. 해부학적인 구분은 남성들에게만 이로운 것이다. 남성들은 이러한 구분을 통해 여성들에게 여성으로서의 '본성'에 충실하라고 호소함으로써 자신들의 기득권을 정당화하는 일에 이용하려 한다. 이것은 권력관계를 위장하고 있는 것이다. 남성들은 세상을 구성하고 있는 신과 같은 위치에 있으려 한다. 물론 신이 피조물을 지배하듯이 하지는 않지만, 적어도 그들보다 '미약한 종' 위에 군림할 수는 있기 때문이다.

다음 세대로 등장하고 있는 논의들은 무엇보다 정신분석학자 자크 라캉의 여성제자들에 의해서 주도되고 있다. 뤼스 이리가라이(Luce Irigaray), 율리아 크리스테바(Julia Kristeva), 엘렌 시수(Helène Cixous) 등은 정신분석학과 페미니즘과의 관계를 지속적으로 규명하고 있다. 그들은 언어가 나타내고 있는 구조를 분석함으로써 근원적으로 남근에 의한 욕구가 그 안에 들어 있음을 보여 주는 실례들을 이끌어 낸다. 이러한 예를 통해 드러나고 있는 사실은 남성적 욕구가 가부장적인 법칙으로 나타나 여성들을 소외시키게 된다는 것으로 지적되고 있다. 여성의 소외는 여성들이 남근에 의해 정의될 수 없기 때문에 불가피한 것이된다. 그리고 우리가 언어로써 여성을 표현하려면 부정적인 방법을 취할 수밖에 없다. 즉, "여성은 남성이 아닌 것이다"라는 식이다. 여성은 결국 존재할 수 없는 것이며 언어로 나타날 수 없다. 그러니 남성들의 언어로만 나타나는 논의에서 여성이 긍정적으로 규정될 것이라고 기대하는 것은 정말 있을 수 없는 일이다.

라캉(Lacan)의
여성제자들

39

이리가라이는 여성으로서의 자신의 경험을 토대로 하여 성차별에 관한 페미니즘 논의를 진행시키려 했다. 반면에

크리스테바는 언어적 차이로 논의를 제한하면서 여성이 남근의 법칙으로 이루어진 언어 속에서 남성과 분명히 구분되고 있다고 지적한다. 남성은 오이디푸스적 구조 속에서 거세의 위협을 받는다. 그것은 아버지가 어머니로부터 강제적으로 거리를 두게 하려고 아들에게 거세의 위협을 가한다는 내용으로 나타나지만, 딸들의 입장에서는 자신들은 원래부터 '거세되어' 있었다는 것을 느끼게 하고 있다. 딸들은 있어야 할 것이 자신들에게 없다는 것을 알게 되면서 남성들에게 굴복당하는 것을 운명으로 받아들이게 된다.

마지막으로 시수는 논의에서 여성을 제외시키는 남근중심의 논리학을 극복하기 위해 여성적 글쓰기를 개발하려고 한다. 그녀는 자신이 겪은 육체적인 경험을 토대로 하여 새로운 형식의 표현을 발견함으로써 여성의 성적인 정체성을 언어적으로 나타내는 데 기여한다.

미국에서 성 담론의 포문을 연 것은 여성신학자 메리 데일리이다. 그녀는 신학적 논증들을 예리하게 분석했다. 그리고 신학논증의 기저를 이루고 있는 남성적이며, 더 나아가 남성우월주의를 조성하는 상징들을 해체한다. 신과 인간과의 관계가 남성과 여성과의 관계로 생각되는 심리적인 경향들을 해체시켜 남성과 여성이 동등하게 형제적 관계의 틀 안에서 다시 살아나는 길을 모색하고 있는 것이다. 남성과 여성의 구분은 '포괄적인' 인간의 범주 속에서

더 이상 의미가 없어진다. 이것이 기폭제가 되어 페미니즘
은 거의 대부분의 미국 대학들에서 젠더 연구의 형식을 수
용하게 되는 동기로서 받아들여진다. 가장 두드러지는 분
야는 인문사회과학이었지만 수학이나 자연과학에서도 그
러한 경향은 점차 증가추세를 보인다. 오늘날 젠더 관점으
로부터 출발한 논의는 계속 진행 중이다. 따라서 전체적인
조망은 불가능하다. 게다가 논제들이 아주 상이하게 드러
나기 때문에 그것이 더욱 어렵다.

세일라 벤하비브와 같은 프랑크푸르트 학파 출신들과 롤
스의 정의론을 추종하는 일군은 전통적인 성의 개념들을
젠더 관점으로부터 출발하여 재구성하려 하며 가부장적인
사회를 극복할 수 있는 모델을 찾는다. 그런데 이와 상반
되는 논의를 전개하고 있는 집단이 있다. 유디트 버틀러처
럼 포스트모더니즘의 경향을 띠는 연구자들은 처음부터
젠더 관점에 의존하지 않는다. 그들은 젠더 관점으로 본다
는 것을 애초부터 남성중심적인 구조를 따르고 있는 생물
학적인 관점을 전제하고 있는 것으로 이해하기 때문이다.
따라서 남성과 여성을 나타내는 보기들을 해체하는 것이
더 근원적인 일이라고 생각한다. 그들은 성의 정체성이 다
양하게 드러날 수 있는 직선적으로 구성된 읽을거리를 선
호한다.

독어권에서는 페미니즘 논쟁이 약간 늦게 발전하였다.
루이제 에프 푸쉬(Luise F. Pusch)와 센타 트뢰멜 플뢰츠
(Senta Trömel-Plötz) 같은 여성들이 주축을 이루고 있는데,
이들은 비판적 언어분석가로서 독일어가 남성언어이며 독

세일라 벤하비브
(Seyla Benhabib)

유디트 버틀러
(Judith Butler)

성차별에 관한
독일어권의 논의

일어의 형식은 남성우월주의를 반영하고 있다고 말한다. 이러한 입장을 확고하게 한 이후에 그들은 프랑스나 미국에서 발표된 페미니즘에 관한 논문들을 수용하게 되었다. 독일어권에 페미니즘의 수용이 늦어진 것은 어떤 면에서 보면 장점이 되기도 한다. 이를테면 기존의 페미니즘 윤리학 논의가 어느 정도 발전했는가를 이미 어느 정도 조망한 상태에서 자신들의 입장을 다른 여러 가지 입장들과 연결시켜 볼 수 있었기 때문이다. 이러한 점을 헤를린데 파우어 스튜더(Herlinde Pauer-Studer)는 다음과 같이 서술하고 있다.

> 페미니즘 윤리학은 사유를 위해 하나의 새로운 동기를 부여하고 있기는 하지만, 새로운 윤리학의 이론으로 볼 수 없다. 그것은 페미니즘 윤리학이 철학사에서 알려진 규범 윤리적 동기들이나 환경윤리학, 경제윤리학 등과 같은 응용윤리학의 영역에서 새롭게 생겨난 분과들과 관련된 영역에 속하지 않기 때문이다. 페미니즘 윤리학은 오히려 윤리학의 토대를 이룬다고 말할 수 있다. 왜냐하면 각 윤리학 이론들의 근저에 있는 것과 그 영향력에 대해서 정의내리고 있기 때문이다. 다른 말로 표현하면 이렇다. 즉, 도덕철학 혹은 도덕이론들이 구체적인 도덕의 갈등 상황들을 분석하고 있다면, 페미니즘 윤리학은 성의 차별이라는 문제를 가지고서 도덕철학과 도덕이론을 분석하려고 한다.[14]

우리는 전체적으로 다음과 같은 사실을 확정할 수 있다. 즉, 젠더의 관점으로부터 수행되는 여성연구는 거의 모든

현실은 하나의
구성이다.

---

14) Nagl-Docekal, H. / Pauer-Studer, H. 편: *Jenseits der Geschlechtermoral. Beiträge zur feministischen Ethik*, Frankfurt a. M. 1993, 35면.

학문영역에서 제시될 수 있다는 것이다. 우리는 자연과 같은 우리의 생활세계에서 보여지고 있는 것들을 바로 읽어 낼 수 없다. 그것은 그러한 생활세계의 범주에서 나타나고 있는 것들이 우리의 사유에 다가오는 객관적인 사실과는 다른 것이기 때문이다. 그러나 우리에게는 자연과 인간생활을 구성하는 주관적인 관점들이 있다. 그것은 우리의 인식이 향하고 있는 관심과 합리성의 개념적 척도에 따라 있는 그대로의 자연과 삶을 다르게 받아들이도록 만든다. 우리는 사물들에게 하나의 구조가 되는 전제와 법칙을 만든다. 이것은 사물들을 그 자체로 그리고 그 자신을 위해서 존재하도록 하는 것이 아니며, 우리를 위해서 존재하도록 만드는 것이다. 우리가 사물들을 가지고 우리의 상식과 일상적 이해에 맞는 지평을 기획하며 사물들을 분류해 내고 있다.

우리는 젠더의 관점을 가지고서 사회적인 성 혹은 성역할 개념과 생물학적인 그것을 구분하고 있다. 그리고 전자가 구성물이라고 말한다. 하지만 후자 또한 마찬가지로 구성물임을 볼 수 있어야 한다. 후자는 물론 사회적인 세력관계의 결과물로 나타난 것은 아니다. 하지만 그것은 자연적인 구성물이다. 우리는 자연과학을 논할 때 자연의 자발적인 기획에 따른 설계도와 합법성에 관해서 이야기한다. 그러나 그것은 원칙적으로 표현할 수 있는 범주에 속하지 않는다. 왜냐하면 표현하는 우리가 근원적인 자연의 사건을 모방하고 있기 때문이다. 자연의 사건은 우리가 표현하지 않아도 한결같이 진행되고 있다.

생물학적 성(sex)은 하나의 구성물이다: 남성적 혹은 여성적 '본성'

젠더라는 말은 인공언어이다. 원래는 문법적으로 성을 나타내는 말이었으나 페미니즘 논의에 들어오게 되면서 여성의 사회적인 입장을 대변하는 단어로 인식되었다. 이제까지 여성은 생물학적인 성의 범주를 통해서 설명되고 생물학적인 법칙에서 나타나는 암컷의 규정에 따라 그의 본성이 정해지는 것으로 믿어 왔다. 이것은 수천년이 지나도록 사회적인 입장으로 뿌리내리고 있었다. 하지만 젠더라는 말이 유입되면서 그러한 뿌리는 흔들리게 된다. 사회문화적인 관계 속에서 성의 문제를 다루는 페미니즘 논의는 생물학적인 성의 범주에서 확고하게 믿어지고 있는 것들이 그대로 생물학적인 변형의 원인이 되고 있는 것을 발견하였고, 그것이 사회적인 성의 이해에 영향을 미치고 있다고 비판한다. 그리고 더 나아가 우리가 남성을 남성으로서, 여성을 여성으로서 특정하게 파악하고 있는 것은 모두 남성의 시각으로 바라본 관점에서 비롯되었다는 것을 증명한다. 이렇게 사회문화적인 성의 관점으로부터 바라볼 때 사회의 발전과정을 반성할 수 있는 길이 열리게 된다. 생물학적인 고정관념에 따라 여성이 사회적인 가치를 상실한 존재로 나타나게 되었다고 하지만, 그러한 고정관념 자체가 사회문화적으로 구성된 남성들의 시각에서 비롯된 것이라고 볼 수 있도록 한 것이 사회문화적인 성의 관점이다.

여성이 사회적 존재로서의 가치를 상실하게 된 이유를 살펴보면, 역사적으로 가사노동, 자녀양육 그리고 환자간호 등 여성이 주로 담당하는 일들이 정당하게 노동으로 인정받지 못했기 때문이다. 노동으로 인정받을 수 있는 일은

보수를 받는 것뿐이었다. 이러한 예를 두고서 우리는 사회
문화적인 성의 관점을 가지고 생물학적인 성의 범주로 되
돌아가는 것이 어떤 의미가 있는지 생각해 볼 수 있다. 다
시 말하면 그것은 모든 권력이 남성들에게 기울어져 있다
고 지적할 수는 있지만, 남성우월주의를 방조하고 있기는
마찬가지이다. 사회문화적인 관점으로 성을 보고 있지만,
생물학적인 성의 특성상 어쩔 수 없는 결론이라고 파악해
버린다면 성의 차별문제를 해결하는 것과는 거리가 멀어
진다. 사회문화적인 성의 관점에서 여성연구를 수행하고
있는 사람들은 그리 유용한 결론을 이끌어 내지 못한다.
마치 동물 행태연구자들처럼 수컷의 우월성을 입증하려고
애쓰고 있는 듯한 인상을 받는다.

동물의 세계에서 주로 볼 수 있는 것은 주권을 위한 수컷
들의 싸움이다. 숫사슴의 당당한 위용이라든가 암컷의 굴
종 등이다. 하지만 이러한 동물들의 행태는 인간의 태도와

비교해 볼 때 하위의 것으로 규정되고 있다. 왜냐하면 동
물은 자기자신에 대한 태도를 취할 수 없기 때문이다. 동
물은 선택할 수 없고 그저 자신의 본능을 따를 뿐이다. 인
간은 언제나 본질적으로 자유로우며 정해진 틀을 갖고 있
지 않은 존재로 이해된다. 따라서 남성들의 본성에 대해
호르몬 작용에서 비롯되는 공격적 성향 같은 것을 지시하
면서 규정한다는 것은 잘못된 태도이다. 게다가 그러한 남
성들을 인간의 전형적인 표상이라 믿고 있는 자율적 이성
의 소지자로 강조하는 것은 있을 수 없는 일이다. 우리는
일반적으로 어떤 사람이 가지고 있는 진화되지 못한 부분
인 자연적 본성이 드러날 때 충동적으로 행위하고 있다고

말한다. 그렇게 말하면서 그러한 존재는 자유롭지 못하다고 한다. 그는 스스로를 지배할 수 없는 충동의 노예이며 그렇기 때문에 누군가로부터 보호를 받아야 한다고 생각한다. 남성들은 한편으로 스스로를 공격적인 존재로 보고 있으면서도 정신적으로 우월하다고 선언하고 있다. 그들은 스스로 공격성과 폭력성을 갖고 있다고 말하면서도 그러한 특성을 정당화하려고 한다. 이러한 태도는 그들의 본성에게 그 책임을 전가하고 있는 것이지만, 문명의 진화와 관련하여 정당화될 수 없는 것이다.

CHAPTER **4**

젠더 관점들:
성을 특징짓는
도덕의 윤리학

　남성의 도덕과 여성의 도덕은 생물학의 이론들에서 주장
하는 바와 같이 자연적으로 형성된 것이 아니다. 그것은
오히려 특정한 주체의 해석에 의한 것이고 권력 이해관계
를 반영하고 있다. 이러한 해석과 이해에 따라 여성의 도덕
으로 제시되고 있는 것은 우리가 전통적으로 내려온 것이
라고 알고 있는 바의 것이다. 즉, 아내와 어머니로서의 역
할인 집안일, 보육 그리고 환자를 돌보는 것이다. 이와 반
면에 남성의 도덕은 가족을 부양하고 국가행정을 맡아 보
는 역할 속에서 규정된다. 다시 말하면 남성들은 자신들이
가지고 있는 정신적인 능력을 직업, 경제활동 그리고 정치
분야에서 실현할 수 있게 된다. 남성들은 자신들에게 한정
된 이해를 갖고 있으며 그러한 정체성의 이해를 절대화하
려 하기 때문에 스스로 선택해야 할 사회적 역할을 여성들
에게 규정하고 있다. 게다가 이러한 규정들을 절대적이며
보편적인 인간의 사유이자 삶의 형식이라고 주장하고 있
었음을 우리는 오늘날 파악하고 있다. 이것은 우리들에게
남성들과 여성들이 타고나면서 해부학적으로 서로 다른
성적인 기관을 가지고 있음과 동시에 서로에게 제시된 합
리적인 원형도 다르다는 견해로부터 벗어날 수 있도록 하
는 관점이 된다. ‘이성’이란 ‘이해’와 인식능력을 말하며
모든 인간 존재에게 예정된 것이다. 그런데 남성들이 합리
적인 근거도 없이 그러한 능력을 자신들의 본성이라고 주
장하는 것은 받아들일 수 없는 일이다. ‘우리가’ ‘그 실제’
를 보고자 한다면 그것은 분명히 구성물임을 알아차리게
된다. 이렇게 남성들은 자신들이 이성적인 존재라고 하는
데, 경험적인 것에 대해서는 눈이 멀어 있는 채로 보편적
인 것에만 전념하고 있는 것이다.

실제로 인간은 사회적이며 역사적인 혹은 언어적인 예술품이지 정신적인 혹은 선험적인 존재가 아니다. […] 인간은 언제나 허구적인 의미의 구조 안에 갇혀 있다. 기호들의 고리 안에 갇혀 있다 […].15)

전통적인 인간상과 그 속에 확고하게 새겨진 남성과 여성의 역할 이해가 일방적으로 가부장적이며 남성중심적인 관점에 의존해 있다고 했다. 그렇기 때문에 여성들은 인간으로서 스스로의 존재를 이론적이며 실천적으로 규정하고 형성할 때 어떤 특정한 여성의 관점을 보편적이며 인간적이라고 규정하는 일을 삼가해야 할 것이다. 그것은 앞선 오류를 다른 모습으로 반복하는 것이다. 우리가 정신의 능력을 이해할 때 생물학적인 성 안에서 타고나는 뿌리와 구별하여 상호관계 속에서 만들어지고 세력관계를 반영하고 있는 것으로 이해한다고 해도, 그것을 '자율적인' 삶의 형식을 표현하는 것으로 파악할 수 있어야 한다. 그래야 특정한 대상에 한정해서 '정신'(오성, 이성, 합리성, 논리 등등)을 소유하고 있는 것으로 이해하는 일이 생기지 않을 것이다. 캐서린 맥키논은 남성의 이데올로기를 통해 각인된 삶의 형식을 다음과 같이 말하고 있다.

> 남성의 생리학은 대부분의 운동종목을 규정하고, 그들의 욕구는 자동차보험과 의료보험을 규정하며, 그들의 사회적으로 계획된 전기들은 일터에 대한 기대와 성공적인 직업의 본보기를 규정하고, 그들의 관점과 성향은 학문의 질을 정하고, 그들의 경험

페미니즘 윤리학의 목표:
-남성중심주의적인 관점이 보편화되고 있는 것에 대한 비판
-자율에 관한 여성의 이해를 기획

---

15) Flax, Jane: *Thinking Fragments.* Psychoanalysis, Feminism and Postmodernism in the Contemporary West, Berkeley 1990, 32면.

과 소유는 성취를 정하고, 그들이 객관화해 놓은 삶은 예술을 규정하고, 그들의 군사활동은 국가의 시민의식을 규정하고, 그들의 현존은 가정을 규정하고, 그들이 타인과 교류할 수 없음은 ─ 그들의 전쟁과 통치 형태 ─ 역사를 정하고, 그들의 모습은 신을 규정하고 그리고 그들의 탁월함은 성을 규정한다.16)

결론: 권력의
도구로서의 도덕

'사람들이' 현실적으로 효력을 발휘하고 있는 규범이라고 정해 놓은 것이 과연 공정한 것인지를 우리는 다음의 스피노자의 고전 텍스트를 통해 볼 수 있다.

스피노자: 남성과
여성은 서로 동등하지
않다.

사람들은 어떻게 해서 여성들이 본성에 있어서나 법적으로 남성들의 권력 아래 놓이게 되었는지 물을 것이다. 법적으로 여성들을 정치지도자에서 제외시킬 수 있을 만한 충분한 이유를 찾을 수는 없다. 하지만 우리가 경험을 통해서 알 수 있는 것은 여성들이 매우 나약하다는 것이다. 우리는 남성과 여성이 함께 통치했다는 사실을 발견할 수 없다. 지구상 어느 곳을 가도 남성과 여성이 함께 살고 있는 곳에는 남성이 다스리고 여성은 그의 지배를 받고 있다. 그런 관계 속에서 양성은 조화를 이루며 더불어 살고 있다. 이와 다른 예도 있다. 전설로 전해 내려오는 이야기이지만 아마존 사람들은 남성들을 그들의 땅에 두려 하지 않았다. 여아를 낳으면 키우고 남아는 태어나자마자 죽게 했다. 여성과 남성이 동등하다면, 또한 여성이 영혼의 강도에 있어서나 권력과 인권을 이야기할 수 있는 정신적 능력에 있어서 남성과 동등하다면, 세상의 수많은 인간집단 중에서 양성이 서로 공평하게 다스리는 곳을 찾아볼 수 있어야 한다. 또한 여성들이 남성들을 다스리고 양육한다면 그것은 남성들이 여성들보다 정신적으로

---

16) MacKinnon, Catharine A.: *Feminism Unmodified*. Discourses of Life
    and Law, Cambridge / Mass. 1987, 36면.

뒤처지는 것이라고 말할 수 있다. 하지만 어느 곳을 가더라도 그
러한 일을 찾아볼 수 없다. 그렇기 때문에 여성들이 그 본성에 의
해서 남성들과 같은 권리를 가질 수 없다고 말하고 있는 것이다.
여성들은 남성들을 앞서 나갈 수 없다. 그렇기 때문에 양성이 동
등하게 서로를 다스린다는 것은 불가능한 일이다. 그러니 여성
들이 남성들을 다스릴 수 있겠는가?[17]

스피노자는 한 번도 모권사회가 있었는가를 물어본 적이
없는 것 같다. 하지만 그러한 사실은 차치하고라도 우리는
놀라운 사실을 발견할 수 있다. 그것은 다름 아니라 자신
이 언급하고 있는 양육과 관련된 물음에 대해서 깊이 추궁
하지 않고 있다는 것이다. 그가 그러한 물음을 물을 수 있
었다면 평등이라는 것이 윤리적인 문제라는 것을 알게 되
었을 것이다. 또한 정치영역에 있어서도 누가 더 육체적으
로 힘이 세냐보다는 타인을 동등하게 인정하는 것이 더욱
중요한 일임을 깨달을 수 있었을 것이다. 남성과 여성에게
주어진 교육의 기회는 공평하지 않았다. 여성으로 태어나
는 순간 정신적인 능력을 강하게 만드는 교육과 거리가 멀
어진다. 역사적으로 여성들이 정치활동을 한 일이 없으며,
그러한 일은 있을 수 없다고 하는 것은 사실 그리 놀라운
일이 아니다. 하지만 그런 식의 차별이 오게 된 것을 '본
성'에 돌린다는 것은 지금으로서는 아무리 생각해 보아도
납득이 되지 않으며 웃음만 나오는 일이다.

성의 역할이 사회문화적으로 결정된다는 사실을 받아들

---

17) Spinoza, Baruch de: *Abhandlung vom Staate. — Abhandlung über die
Verbesserung des Verstandes,* Hamburg 1977, 180면 이하.

인다면, 도덕적인 태도를 자연적인 결정을 표현하는 것으로서가 아니라 사회적으로 요구된 실천 형식들이 사회적인 표준으로 제시된 것으로서 이해하게 될 것이다. 사회적으로 요구되었다는 것은 특정한 집단의 의지가 공적으로 드러나서 관철되고 있다는 것을 의미한다. 그 특정한 집단이란 가부장 사회에서는 곧 남성들을 지시한다. 남성들은 육체적으로나 정신적으로 뛰어나다고 하며 자신들의 세력을 구축해 나가려 한다. 또한 그들은 도덕적이며 법적인 통제체계를 통해 사회를 구조화시킴으로써 자신들의 이익을 보존하고 있다. 남성들은 자신들이 스스로 부과한 모든 권리와 의무로 힘이 없고 약한 사람들이 행하는 것을 막으려 한다. 결론적으로 보아 이러한 이기주의적이며 그 중심에 있어서 남성중심주의적인 태도를 근본적으로 가지고 있음으로 해서 세력을 분담할 때 자신들은 특권을 가지려고 하며 힘이 없는 사람들(여자들, 아이들, 노예들)에게는 복종을 강요한다. 이러한 태도는 이론적으로는 이중의 논리를 형성하는 데에 이르고 있고, 실천적으로는 서로 다른 평가의 기준을 가지고 있는 두 가지 도덕을 전제하도록 만든다.

CHAPTER 5

남성중심주의적
형이상학

젠더의 관점에서 볼 때 가장 먼저 비판될 수 있는 것은
이론적으로 이해되고 있는 동일성(통일), 자율 그리고 주관
의 개념들이다. 이러한 개념들은 이중논리의 근거로 등장
하고 있기 때문이다. 이중논리란 대립구도 안에서 하나가
또 다른 하나를 차별하면서도 통일을 논리적 이상으로 내
세우는 것을 말한다. 이 통일은 강요에 의한 관철과 굴종
의 전략이 될 수 있는 것이다. 통일을 위해서라면 차별되
는 것을 제외시킬 수 있고, 무의미하다고 말할 수 있으며,
심지어는 존재하지 않는다고 선언할 수 있는 것이다. 관철
과 굴종의 전략으로써 차별된 것이 나누어지고, 의미 없이
되거나 존재하지 않는 것으로 된다. 사람들 사이에 오해나
억압 그리고 소외가 있음에도 불구하고 통일을 이야기할
수 있는 존재는 완전히 관계성을 초월하여 독립적이며, 자

기 스스로 규범을 부여할 수(autos nomos) 있어야 하며, 그
것이 아니라면 자기자신이 그 법칙으로 될 수(subiectum)
있어야 한다(자율적 주관). 그렇지 않은 모든 존재는 그 규

범을 따르고(heteros nomos), 무엇을 위해 있는 존재
(obiectum)로서 불려지는 것이다(타율적 대상). 타율적인 대
상들은 자율적 주관에 따를 수밖에 없다. 주관은 대상을 소
유할 수 있으며, 대상은 어떠한 고유한 가치도 요구할 수
없다. 대상은 도구적으로 존재하며 주관이 평가하는 것에
따라서 자신의 의미를 부여받게 된다.

5.1 이중논리

이중논리는 구별되는 것을 이율배반적인 대립으로 생각

하여 지속시켜서는 안 되고 지양해야 한다고 생각한다. 변
증법적 논리학이 대립을 수평적인 형식 안에서 파악함으
로써 대립되고 있는 두 쌍의 동일한 가치를 강조하고 있다
면, 이중논리는 수직적인 형식에 적용시켜 대립관계에서
반명제로 파악된 것을 이율배반적인 것이라고 규정한다.
대립 쌍 중에 하나를 다른 것보다 우월한 것으로 나타내
고 다른 것 위에 군림하게 한다. 대립되고 있는 두 가지 중
에 우월하다고 주장되는 하나를 통해 보편적인 것이 추론
되기는 하지만, 그 방법은 정당하지 못한 것이다. 왜냐하
면 하나가 배제되면서 일반화되는 방식이 잘못되었기 때
문이다. 전통적인 인간 개념에서 남성과 여성은 인간이라
는 종 개념에 속하는 것이지만, 남성은 우월하고 여성은
남성에게 예속되어 있는 것으로 알려져 있다. 이 두 가지
사실이 말하고 있는 것은 인간이라는 것이 결국은 남성 개
념을 적용하고 있는 위장된 기획에 의해 이해되고 있다는
것이다.

5.2 '인간'이란 무엇인가?

그렇게 문제가 될 것이라고 생각되지 않던 "인간이란 무
엇인가"라는 물음은 사실 최근 10여 년간 페미니즘 철학에
서 매우 열띤 논쟁거리였다. 여기서는 기존의 인간에 대한
철학적 이해가 충분한 반성을 거치고 있지 못함을 공격한
다. 다시 말하면 인간의 존재를 규정하고 있는 것이 인간의
개념인데, 앵글로색슨과 이탈리아 언어권에서 사용하고
있는 개념을 보면 뭔가 잘못이 있어 보인다는 것이다. 그

것은 '인간(Mensch)'이라는 단어를 '남자(Mann)'와 동일시하고 있는 것이다. 이렇게 '인간' 혹은 '인간 존재'라는 단어의 독일어 어원이 '남자'로 거슬러 올라가고 있는 것은 우연한 일이 아니다. 하지만 '인간' 개념을 두고 본래적으로 문제삼아야 하는 것은, 페미니즘의 관점에서 보자면, 어떠한 종 개념 아래서 '인간'이 정의되고 있었는가 하는 것이다.

사람들은 일반적으로 유사한 사물들을 비교하며 그들에게 공통적으로 나타나는 것들을 개념화함으로써 종 개념을 얻는다. 각각의 사물들에게 두드러지는 특징들에서 보여지는 것들은 하나의 추상을 통해 종 개념에 이르게 된다. 예를 들어 '과일'이라는 종 개념을 형성하기 위해서는 우선 사과, 배, 앵두 등의 각 과일들이 갖는 특성들을(모양, 색, 냄새, 맛 등과 같은) 추상한다. 앵두와 배는 각각 다르지만 과일이라는 점에서는 일치한다. 그들은 '과일'이라는 개념에 속한다. 그리고 하나의 앵두와 하나의 배는 과일이라는 점에서는 마찬가지인 것으로 여겨지고 있다. 모두 '과일'이라는 개념에 속하는 것이다. '과일'이라는 정의는 '먹을 수 있는 열매'라는 뜻을 내포하며 그에 해당되는 것은 구별되지 않고 과일로 불려진다.

'인간' 종 개념은 어떠한가? '인간'의 개념은 전래에 따라서 모두가 동일하지는 않지만 개별적인 특성들을 추론하여 생겨났다. 예를 들면 피부색, 머리색 그리고 눈동자의 색, 인종 그리고 성별 등이 그 특성으로 나타나고 있는 것이다. 페미니즘은 이와 같은 사실에 대해서 반론을 제기

인간 개념은 남성의
자기기획이다.

56

하지 않는다. 개별적으로 나타나는 외형적인 모습들 속에서 공통적인 것을 인간의 개념으로 옮겨 놓는 것은 그리 큰 문제가 아니다. 실제로 문제가 있다면, 그것은 인간 개념을 남성들이 자기이해를 통해 일반화시킨다는 점에서 발견된다. 그들은 더 나아가 자신들의 본질을 인간 종의 본질과 일치시키려 하고 있다.

이렇게 주장하는 바를 입증할 수 있는가? 그것은 그리 쉽지 않은 일이다. 왜냐하면 우리가 이미 그러한 것에 근거를 두고 있는 사유형식에 매우 익숙해져 있기 때문이다. 그것은 더 이상 남성중심주의의 모습으로 나타나지 않기 때문에 우리의 눈에 띄지 않는다. 남성사상가들에게 그것은 이상한 사실로 느껴지지 않을 것이다. 여성사상가들에게 있어서도 그에 근거해서 생겨난 사유구조의 지배에서 벗어날 수 없기 때문에 비판적으로 재구성한다고 해도 한계가 있다. 하지만 우리는 그렇다고 해도 남성중심적인 인간학과 논리학에서 나타나고 있는 주장들이 어디에 근거하고 있는지 발견할 수 있다.

우리에게 가장 많이 알려진 인간에 대한 철학적인 정의는 "인간은 이성적인 동물이라는 것이다(animal rationale)"이다. 그런데 우리는 '과일'을 개념적으로 정의하면서 배와 앵두가 '먹을 수 있는 열매'라는 사실만으로 그 개념에 속한다는 사실을 기억하고 있다. 배나 앵두나 모두 먹을 수 있는 열매일 뿐이다. 이 말은 종 개념을 어떻게 정의하는가에 따라서 유 개념이 축소되는 일은 없다는 것이다. 하지만 인간을 개념적으로 규정할 때 상황은 달라진다. 인류의 반쪽을 담당해 왔던 구성원들이 2,500여 년 이상 인간 존재에서 소외되어 왔다. 그것은 남성들이 자신들에게서 두드러지는 특징인 합리성을 가지고 인간을 규정하면서 여성들을 '비합리적 동물(animal irrationale)'로 규정했기 때문이다. 정말로 그러했는가를 확인할 수 있는 증거는 매우 많지만, 몇 가지 보기만을 들어 보려고 한다.

여성은 "이해를 잘 못하고 감정과 분노에 쉽게 따르는 경향이 있다"(아비세나 Avicenna). "여자는 대부분 예술을 사랑하지 않는다. 그리고 예술에 대한 이해도 없으며 그에 대한 재능은 찾아볼 수가 없다"(루소 Rousseau). "여성들은 이해를 못해도 괜찮다. 그렇다고 정상적이지 못하다고 말하지 않는다. 여성에게 탁월한 정신력이 작용한다면 그것은 정상적인 것이 아니며 납득할 수 없는 일이다. 아니면 여성이 천재일 경우에 그럴 수 있을 것이다"(쇼펜하우어 Schopenhauer). "여성의 방에서 이루어지는 학문의 내용이 있다면 […] 그것은 대부분 인간에 관한 것이며 그 중에서도 인간 남성이다. 여성들의 지혜는 이성에서 오는 것이 아니라 감성에서 유래한다"(칸트 Kant). 유명한 철학자들은 여성에 대해서 이런 식으로 이해하고 있다. 이러한 이해는 지금도 달라지고 있지 않다. 20세기의 심리학자들은 여성들에 대해서 "심리학적으로 박약하며"(메비우스 J. P. Moebius) "지적으로 채워진 것이 아무것도 없다"(오토 바이닝거 Otto Weininger)고 진단했다. 이렇게 여성에 대한 이해는 변하지 않고 있다.

우리가 이러한 사실을 통해 알 수 있는 것은 무엇인가?

그것은 남성이 여성을 자신들의 정의에 따라 인간으로 만들려고 한다는 것이다. 그 정의에는 합리성과 이해능력이 전체적인 내용으로 채워져 있다. 이는 '인간' 개념에는 일방적으로 남성의 자기이해가 일반화되어 있으며 그에 따라 모든 인간 개체가 그것을 규범으로 따를 것을 제시하였다는 것에 대한 간접증명이 된다.

아드리아나 카바레로(Adriana Cavarero)는 이러한 사실들을 배경으로 두고 있는 철학의 언어를 철저하게 비판하고 있다. 그녀는 '나(Ich)', '인간(Mensch)'과 같이 보편적인 표현들로 알려진 것들조차도 성별을 초월하여 중립적일 수 없다고 말한다. 여기서도 남성의 논리는 드러나지 않지만, 분명히 존재한다. 남성의 논리에 근거한 논의가 성별에 입각한 특징들을 언급하지 않는다는 가정에 사람들은 암묵적으로 동의하고 있다. 그렇기 때문에 남성의 사유나 여성의 사유에 대해서 차별 없이 반성을 수행하고 있다고 알려지고 있는 것도 사실은 잘못된 견해임을 카바레로는 지적하고 있다. 그녀는 '인간' 개념이 남성의 자기이해를 보편화하고 있다고 한다. 그리고 인간 존재는 남성이라는 존재의 본질을 보편화하여 이상적인 것으로 드러내고 있는 것에 지나지 않는다고 말한다.

결과적으로 여성은 스스로를 이해하면서 중성적인 '인간'으로부터 출발한 자신의 특성을 드러낼 수 없게 된다. 그것은 이제까지 여성이 성차별을 받아 왔을 뿐 아니라, 이미 추상과정이 시작되기 전부터 남성적인 시각에 의존해 있었기 때문이다. "남성에게만 해당되는 것을 보편화하

아드리아나 카바레로는 남성중심의 '인간' 개념을 비판한다.

59

기 위한 논리적 과정에서 여성의 고유한 특성으로 드러나는 것은 있을 수 없다. 그러니 결국 남성의 논리 밖에서 보고 구체화시켜야 할 것이다."[18] 모든 철학적 논의 속에서 사상가들의 역할은 남성적인 특성을 보편적 인간 개념으로 절대화시키는 것이다. 그러한 보편적 인간 개념은 우연적이며 부가적인 특성을 띠는 것을 개체로 표현한다. 남성은 보편적인 인간, 보편적인 나 그리고 보편적인 주체로 있으면서 자신의 구체적인 동일성을 얻는 데에 있어서 아무런 문제가 없다. 하지만 여성은 그럴 수 없다. 왜냐하면 그러한 로고스에 이르는 길이 원래부터 성별 특성을 고려하지 않고 있으며 일방적으로 합리성을 주장하는 입장에서 채택된 것이기 때문이다.

여성적 논의의 오류가 여성을 제한한다.

카바레로에 의하면 여성은 주체적인 사유를 통해서 자신을 경험하는 것이 아니라 남성적 사유에 의존하고 있다고 한다. 여성은 주체적인 논의를 할 수 없다. 그리고 자신의 정체성을 말하기 위한 스스로의 논리도 가지고 있지 못하다. 그래서 여성은 자신에 대해서 말해야 할 때 입을 다물거나 아니면 자신에게는 낯선 언어로 이야기할 수밖에 없다. 여성은 독자적으로 논의할 수 없고, 자기가 누구인가를 이야기하기 위한 자신의 논리도 가지고 있지 않다. 또한 여성은 인간의 사유로 대변되는 남성의 사유와 낯설기 때문에 극히 제한된 언어로 자신의 경험을 표현할 수 있을 뿐이다.

---

18) Cavarero, A.: Ansätze zu einer Theorie der Geschlechterdifferenz. *Diotima: Der Mensch ist zwei.* Das Denken der Geschlechterdifferenz, Wien 1989, 67면.

남성의 논의에서 여성은 배제되어 있다. 그리고 그렇게 제외되어 버린 자신의 존재를 이미 '사라져 버린' 타자로 인식하게 되면서 여성은 이중의 관계를 맺는다. 즉, 한편으로는 타자로서 남성과 관계하고, 다른 한편으로는 같이 소외된 여성과 관련을 맺는다. 후자의 관계 속에서 스스로 타자임을 긍정하고 있는 여성은 남성과의 분리, 자신과 동일한 성과의 결합에 대해서 성찰하기 시작한다.

카바레로는 구약성서의 창세기를 인용하여 논의를 진행하려고 한다. 그것은 다름 아닌 인간이 신을 닮았다는 것에서 나타나고 있는 것이다. 창세기에는 여성과 남성이 모두 신을 닮았다고 말한다. 이것은 바로 신과 유사한 것은 남성과 여성에게서 동일하게 말할 수 있는 사실임을 보여준다. 카바레로는 또한 아담만이 신을 직접적으로 닮았고, 이브는 간접적으로 닮았다고 말하는 것이 오해라고 지적한다. 그러한 오해는 이브가 아담에서 생겨났기 때문에 신과 직접적으로 닮을 수 없다고 생각하는 데서 오는 것이다. 그녀는 또한 그리스도가 남성이 아닌 성별을 초월한 신이라고 이해한다. 여성이 그리스도의 수난의 의미를 깨달을 수 있는 이유도 바로 여기에서 생겨난다. "닮음은 결론적으로 성적인 차이와 무관하다. 신과 더욱 닮은 존재나 그렇지 못한 존재는 공존할 수 있는 것이며 서로 다르게 존재하는 관계 속에서 대상적이며 동시에 주관적인 의미를 갖게 되는 것이다."[19] 카바레로는 이러한 이중성을 일자, 동일성 그리고 통일의 논리보다 더욱 근원적인 것으로

성의 유사성은 신과 닮았다는 것에 근거를 두고 있다.

_____

19) 같은 곳, 98면.

보고 있다. 이중성은 서로 다른 두 성을 연결할 수 있으며 그들이 서로 닮아 있지 않다고 해도 서로 닮을 수 있도록 만드는 것이다.

서양의 형이상학은 이성중심주의이며 여성에게 호의적이지 않다.

　우리는 일상적으로 사용하는 언어를 갖고서 여성에 관해서 ―여성의 정체성과 의미를― 언급하는 일은 어렵지 않다. 하지만 여기서 이야기되고 있는 것은 사상가들이 철학적으로 논의하는 장으로 들어갈 수 없다. 왜 그럴까? 아드리아나 카바레로는 이러한 물음과 관련하여 납득할 만한 대답을 제공하고 있다. 즉, 소크라테스 이전의 철학자들로부터 플라톤에 이르기까지 고대의 철학자들이 닮음(유사성)의 문제를 가지고 비유를 통해 논의를 전개하다가 결국은 영원히 변하지 않고 존재하는 사물의 본질을 사유하는 데까지 나아가게 되었다는 것이다. 고대 철학은 이론적으로나 실천적으로 이성을 중심으로 하여 인식과 행위의 본질을 추구하고 있다. 이러한 본질주의는 경험적인 모든 사실에 의미를 부여함으로써 그로부터 나오는 '이념'은 역사적인 것이라기보다는 구성적인 발전을 하게 된다. 이러한 본질주의는 오늘날까지 영향을 미치며 철학의 체계들을 특징지었다. 사실과 실천에 입각한 철학적 이론들은 원칙적으로 이러한 본질주의에 대해서 비판적인 태도를 취하고 있다. 왜냐하면 본질주의가 경험적으로 주어져 있는 개별적인 사물들이나 실제적인 인간관계들을 사태의 본질과 연결시켜 줄 수 있다고 믿고 있지 않기 때문이다.

5.3 남근적 합리성

우리가 지금까지 논리학과 형이상학에서 주장해 온 합리성의 개념은 남성적인 사유가 그 전형을 이루고 있다. 다시 말하면 수직적이며 귀속적인 논리가 남근적인 합리성의 모델을 선호하고 있다는 것이다. 이 논리에 따르면 하나로 통합될 수 없는 것, 구별되는 것, 다른 것은 통일원리에 입각하여 귀속시키고, 복종시키며, 정복당하게 만들어야 한다. 남성적 합리성이란 이중의 질서체계로 나타나며 그것은 대립 개념들을 만들어 낸다. 남성과 여성, 논리적인 것과 감정적인 것, 강한 것과 약한 것 그리고 자긍심과 비굴함 등과 같은 극단적인 이중성을 부각시킴으로써 위계질서를 만들어 낸다. 이중의 질서체계로 나타나지 않는 것은 제외된다. 그것은 통일을 이상으로 여기고 있기 때문이다. 같은 위상을 지닌 두 존재와 서로 다른 존재는 부정적인 것으로 보이며, 그러한 관계는 지양되어야 할 것으로 나타난다.

차이가 없이 동일하다는 것은 가장 최상의 원리로 생각된다. 그것은 어떠한 대립도 나타나지 않는 통일적인 힘으로 여겨진다. 또한 영원히 사라지지 않는 힘의 표상이기도 하다. 그에 따라 유일한 진리가 나오게 되고 그와 유가 다른 것에 대해서는 강제적으로 흡수해 버리는 적극적인 방법을 사용하거나, 그로부터 설정된 지평 밖으로 내쳐 버리는 소극적인 방법을 사용하게 된다.

> 남성적 합리성의 이념은 차이 없는 통일이다.

이러한 통일원리는 자기자신과 다른 어떠한 존재도 받아들이려 하지 않는다. 만일 자신과 다른 존재를 받아들인다면 그 다른 존재가 스스로의 차이를 부정할 수 있는 하나의 조건을 허용하는 것과 마찬가지이기 때문이다. 고전 철학자들은 그것을 최고의 원칙으로서―그것이 신으로 나타나든, 아니면 모든 형상들 중의 형상으로 나타나든지 상관없이―생산능력으로 나타내려 했다. 생산능력이란 남성이 자신에게서 최선으로 여기고 있는 것이다. 이에 따르면 남성들은 끊임없이 사정을 하는데, 그것은 마치 그들의 직관적인 의지가 중단 없어 지속되고 있는 것과 비유될 수 있다는 것이다. 이러한 사정의 패러다임을 여성들은 경험할 수 없기 때문에 여성들이 참된 지식의 논리적인 기초를 세우는 일은 불가능하다고 주장한다. 무한하고 전능한 잠재력을 가지고 있는 신에 대한 인식은 남성의 인지능력을 통해서 가능한 것이다. 그러한 잠재력은 신으로부터 남성들에게 대대로 전해진다. 이렇게 전해지는 남성적 의식은 오직 남성에 의해서만 주도될 수 있는 것이다. 여기서 남성들에 의해서만 주도될 수 있다는 것은 이미 인간의 보편성으로 일반화되어 인식되고 있는 합리성의 논리가 얼마나 부당한 것인지를 보여 주고 있는 것이다.

통일원리가 잘못된 것이라고 해서 페미니즘이 그것을 대신할 수 있다고 주장하려 하지는 않는다. 페미니즘 논리를 남근에 입각한 논리와 비교해서 본다면, 상하관계 속에서 규범을 제시하며 억압구조를 나타내는 가부장적인 수직 모델과 달리 동등함을 강조하며 상호관계나 조직에서 나타나는 수평적인 모델을 제시하고 있는 것이라고 말할 수 있다. 그렇다고 그것이 통일원리를 위해 남성의 사유를 중심으로 하는 논의에서 나온 일방적인 합리성의 모델과 대립시키기 위한 의도를 가지고 있는 것은 아니며 또한 대립관계를 관계구조로 의식적으로 바꾸려고 하지도 않는다. 남성적인 합리성의 모델은 차별원칙을 내세워 관계 속에서 사유와 행위의 원칙을 설명할 수 있는 일체의 여지도 없이 절대적인 전제조건으로 제시된 것이었다. 이와 달리 수평논리에 입각하여 제시되고 있는 것은 권력을 이용하지 않으며 상호 인정이 이루어지는 가운데 합법적으로 승인될 수 있다.

우리는 이렇게 요약해 볼 수 있다. 인간은 '이성적 동물(animal rationale)'로 정의되고 있는데, 이러한 정의는 인간의 합리성을 남성적으로 설명하고 있는 전형적인 예가 될 수 있다. 다시 말하면 이것은 남성들이 전통적인 사회적인 관계에서 담당했던 역할을 그대로 반영하고 있다고 말할 수 있다는 것이다. 이것은 또한 개념, 논의, 이론들의 영역에서도 근원적으로 조직원리를 제공하는 지배형식이기도 하다. 가부장적인 구조들 안에서는 사물들이 혼란스럽게 다양한 모습으로 있는 것을 통일적으로 구성해야만 한다. 그에 따라 각 개인들은 전체적인 구조 안에서 제시된 논리적인 틀을 찾아야 한다. 이런 식으로 생각된 합리성의 전형은 피라미드 모양으로 나타난다. 왕이 차지하는 가장 정상의 자리에 궁극적이며 최상의 것으로 생각되는 원리가 자리한다. 이 원리는 어느 것에 의해서도 능가될 수 없는 것이며 모든 존재와 사유의 근거가 되고 있는 것이다. 남성적인 합리성의 이상은 이러한 최상의 원리와도 같은 것

> '남근' 논리학은 인간관계 속에서 내재되어 있던 힘의 표현이다.

이다. 이것은 반드시 남성적인 것으로부터 나와야 하며, 이중논리의 근저에 깔려 있는 것이다. 그러한 원칙과 동일한 것과 동일하지 않은 것이 있다는 것을 알고 있지만, 동일하지 않은 것은 논리적으로, 언어적으로 그리고 실존적으로 존재할 수 없게 된다.

> 남근에 대한 환상은 근거가 없는 것이다. 단지 그와 다른 존재를 인정하지 않기 위한 필요에 의해 생겨난 것이다. 우리는 자율에 대한 이념과 자기생산의 신화를 설명하고 있는 철학적인 내용에 대해서 한 가지 근원적인 토대를 볼 수 있어야 한다. 그것은 다름 아니라 인간, 즉 남성은 스스로 생겨났으며 어떤 다른 존재에 의해서 생겨나지 않았다고 보는 것이다.[20]

5.4 신적인 자기생산의 신화

신적인 자기생산의 신화를 이해하기 위해서는 신의 계보라는 아주 오래된 기록으로 거슬러 올라간다. 자기생산이 이루어지는 방식은 순환운동을 통해 구체적으로 설명될 수 있다. 순환하는 신은 출산하는 신을 말하는데, 자기 스스로를 만들어 내는 신이다. 이것은 고대로부터 현대에 이르기까지 나타나고 있는 모든 신적인 자기생산 행위에 대한 은유로 사용되고 있는 것이다. 보통 사람들이 생각할 때 성과 관련이 없거나 혹은 그것을 초월한 일상적이거나

---

20) Cornell, Drucilla: Die Zeit des Feminismus neu gedacht. Benhabib, Seyla 편: *Der Streit um Differenz*. Feminismus und Postmoderne in der Gegenwart, Frankfurt 1993, 137면.

학문적인 논쟁에서 논리적이라고 인정받는 합리성의 기준이 남성의 자기이해에 맞추어져 있다고 말하면, 앞서 언급한 것을 이해할 수 있을 것이다. 남성들은 스스로를 이해하기 위해 독단적으로 자율의 형식을 설정해 놓고 그것이 자신들의 이상이라고 한다. 동시에 그들은 그 이상 이외에는 어떤 것도 인정할 수 없다고 말한다. 그들과 다른 존재는 낯설기 때문에 반드시 제거되어야 한다고 생각한다.

남성들이 확신하고 있는 인간의 전형 혹은 세상에서 인간이라고 인정할 수 있는 본보기들은 이렇게 자기 안에 갇혀 있으며, 그 속에서 전제로서 만들어진 합리성 이념에 근거를 두고 있는 것이다. 다시 말하면 이러한 이념으로부터 출발하여 철학자들은 신을 설명하는 방법을 연구하였다. 그것은 신이야말로 자기자신을 스스로 생산하는 존재이며 인간이 본보기로 삼을 수 있는 가장 최고의 지식을 가지고 있다고 사람들이 이해하고 있기 때문이다.

5.4.1 고대의 신들

그리스 신화에서 우리는 이에 대한 대표적인 보기들을 만날 수 있다. 신들의 탄생은 여기서 원칙적으로는 인간의 생물학적인 인식에 맞게 여성과 남성의 역할로 나누어져 묘사되고 있다. 가장 처음 등장하는 신들은 독자적으로 존재한다. 가이아는 지구를 통으로 이용하여 우라노스를 낳고, 그 우라노스와 더불어 태양의 신들을 출산하였다. 여기서 특징적인 것은 우라노스가 자신이 낳은 자식들을 미워했다는 것이다. 자신은 스스로 나왔지만, 자식들은 자신과 다르게 양성관계를 통해 출생했기 때문이다. 자신과 다

신의 위대한 잠재력을 보여 주는 우라노스와 크로노스

른 그들을 제거하기 위해 우라노스는 그들을 모두 지하의 성에 가두려 하지만, 그 아들 중 하나인 크로노스가 가이아에게 씨를 뿌리려 다가가고 있는 그를 낫으로 쳐죽였다. 크로노스는 잘려진 우라노스의 사지를 바다에 던졌으나 그것이 바다와 합하여 생산이 이루어져 바다의 거품 속에서 아프로디테가 태어나게 된다.

그러나 아버지로부터 권력을 쟁취한 크로노스는 자신이 낳은 자식들을 모두 삼켜 버린다. 그것은 자신이 아버지에게 행한 저주가 자신의 자식들을 통해 다시 자기에게로 돌아오는 것이 두려웠기 때문이다. 크로노스가 예감한 저주는 그의 아내 레아가 이루어지도록 한다. 레아는 제우스를 외딴 섬에서 낳은 후에 크로노스가 아이 대신 돌을 삼키도록 만들었다. 장성한 제우스는 아버지에게 책략을 사용하여 잠들게 한 뒤 아버지의 배를 갈라 자신의 형제들을 구출해 낸다. 제우스는 자신의 형제들과 힘을 합하여 크로노스를 몰아내고 자신이 최고신의 자리에 오른다.

최초의 신, 우라노스에 대해서 우리는 무엇을 생각해 볼 수 있을 것인가? 그는 자신으로부터 아무것도 제공하려 하지 않았으며 철저하게 자신이 유지되기를 바라고 있었다. 자신이 만들어 놓은 모든 것을 독립시키려 하지 않았으며 자신과 구별되는 것으로 나타나기를 원하지 않았다. 그것은 그의 아들 크로노스도 마찬가지였다. 크로노스는 권력이 축소되는 것이 두려워 자식들이 나오는 대로 즉시 자신의 몸 안에 가두어 두었다. 바로 여기서 우리는 지금까지 서구적 사유에 매우 커다란 영향을 미친 자율성 이념의 윤곽을 볼 수 있게 된다. 자율성이란 다른 존재에 의존하지 않으며 자기 안에 존재의 원인과 목표를 두고 있는 것이다. 이것은 자신의 권위와 능력을 신뢰하는 것이기 때문에 자기생산의 순환운동으로 나타난다.

제우스는 스스로 태도를 바꾼다. 그는 더 이상 자신의 능력을 자신만을 위해 간직하려고 하지 않고 포기하였다. 그는 자식들이 자주적인 존재가 될 수 있도록 허락한다. 하지만 그는 출산을 위해 반드시 여성이라는 존재를 필요로 하지 않았다. 그는 스스로 출산을 수행할 수 있었다. 그의 딸 아테네는 그러한 능력을 말해 주고 있다. 아테네는 제우스의 머리에서 만들어졌으며 완벽한 지성을 갖추고 있었다. 제우스의 사유가 직접적으로 만들어 낸 아테네는 모성애를 경험하지 않은 냉철한 합리성을 보여 준다. 이러한 합리성으로 무장되어 있다는 것은 무기를 가지고 있는 것과 비교된다. 즉, 논리적인 관철이 가지고 있는 위력으로 이해될 수 있는 것이다. 사람들은 날카로운 논리라는 말을 쓴다. 우리가 '오컴의 면도날'이라고 하면 쓸데없는 군더더기 없이 경제적인 이성의 이념만을 전파하기 위해서 사용되고 있는 개념으로 알고 있다. 개개인의 변명들은 구차하고 쓸데없는 것이라고 해서 잘라 버리려고 하는 것이다.

생식능력을 스스로 포기한 제우스

5.4.2 아리스토텔레스의 신 개념

그리스 신화에서 보이던 신은 아리스토텔레스에게 있어서 다른 개념으로 비약한다. 아리스토텔레스는 머리에서 나온 신을 철학적으로 설명한다. 그는 신을 역동적인 존재

신의 능력은 순수한 에너지이다.

이며 근원적인 힘이라고 표현하고 있다. 신이 움직이기 위해 다른 존재가 요청되지 않으며 오히려 다른 모든 존재가 움직일 수 있도록 움직이는 존재이다. 이와 같이 다른 존재에 의해 움직여지지 않고 다른 존재를 움직이는 최초로 운동하는 존재가 신이다. 아리스토텔레스는 신을 '사유의 사유(혹은 순수한 사유, noesis noeseos)'로 나타낸다. 이것은 신에게서만 가능한 것이다. 다른 존재에 의해 움직여지지 않고 다른 존재를 움직이는 신의 이러한 순수하고 자발적인 행위는 우주의 운행이나 인간의 생활세계와는 전혀 관계가 없는 것이다. 신의 범주 안에서만 이루어지는 순환운동은 인간세상의 운동원인이나 '작용원인(causa efficiens)'이 될 수 없고 '목적원인(causa finalis)'으로서만 존재한다. 신은 이렇게 최상의 목적이 되고 있으며, 인간은 그것을 추구하고, 욕망하고, 모방하고, 사랑한다. 신은 인간과의 관계를 확고히 하기 위해서라도 신적인 부분을 강화하는 순환운동을 할 수밖에 없는 것이다. 그러나 신이 존재하기 위하여 세상이나 인간이 필요한 것은 아니다.

신은 스스로 존재하며, 물질적인 존재가 아니다. 신은 이러한 자신의 속성을 훼손하지 않고 끊임없이 역동적이며 지성적인 자기순환 운동을 하고 있다. 신은 인간처럼 무엇인가를 추구하거나 욕망하거나 사랑하지 않는다. 신은 자족한다. 다시 말하면 스스로 만족한다.[21]

아리스토텔레스가 말하고 있는 신은 스스로 완전하며,

---

21) Aristoteles: *Metaphysik*, 제12권 7장 참조.

그 이외에 다른 존재와 관계를 맺지 않고, 인격적인 존재가 아니다. 여기서 우리는 물질적인 것과는 거리를 유지하고 있는 순수한 자기행위와 자기도취를 볼 수 있다. 즉, 자율성과 동일성 개념은 순수한 정신적인 행위로 나타나고 있는 것이다. 아리스토텔레스는 신처럼 자기자신에 대해서 반성할 수 있는 것을 인간의 최고 행복으로 설명하고 있다. 철학자들이 세상적인 것과 신적인 것을 분리하는 것은 그들이 감각적이고 물질적인 세상의 다양성을 경시하고 있다는 것을 말한다. 그러나 자기동일성만을 목적으로 하고 있는 철학적 사유는 자유로울 수 없다.

5.4.3 소크라테스의 산파술

소크라테스는 인간의 삶의 의미는 죽음을 연습하는 것이라고 한다. 죽음의 연습이란 경험적인 인식이나 육체적 욕망을 추구하는 본능을 할 수 있는 대로 거부하는 것을 말한다. 인간은 육체가 사라지고 자신의 영혼을 육체로부터 순수하게 분리시킬 수 있을 때 이데아를 바라볼 수 있지만, 이미 세상에서 감각적인 것을 멀리할 수 있다면 이 세상에서 살고 있더라도 삶의 의미를 완성할 수 있다.

소크라테스는 알려진 대로 스스로 산파라고 자처한다. 그의 제자들이 정신적으로 잉태하게 되었을 때 소크라테스는 그들의 해산을 돕는다. 소크라테스는 자신의 산파술이 보통 사람들이 생각하고 있는 그것과 다른 것이라고 말한다. "나의 산파술은 남성들의 해산을 돕는 것이지, 여성들의 그것을 돕는 것이 아니다. 남성들이 잉태하고 있는 영혼을 돌보는 것이며 육체와는 상관이 없는 일을 하고 있다."[22] 영혼은 이성이 머무는 곳이며 자궁으로 비유될 수 있는 것이다. 영혼 속에서 진리는 세상으로 나올 준비를 한다. 소크라테스는 그렇기 때문에 자신을 잉태된 아이의 아버지로 생각해서는 안 된다고 강조하고 있다. "신은 진리를 출산하는 일에 나를 필요로 한다. 하지만 나는 진리를 잉태시키는 것과 관련이 없다."[23] 진리의 잉태는 신과 인간 사이에 은밀하게 이루어진다. 인간의 영혼이 진리의 씨앗을 받아들이면서 지적으로 수태된다. 사유가 무르익어 인간의 영혼으로부터 나오게 될 때 비로소 산파인 소크라테스의 활동은 시작된다. 그는 영적으로 수태된 자의 사유가 발전하게 되면 그것을 언어로 표현할 수 있도록 돕는다. 즉, 사유하는 자가 스스로 자신의 사유를 드러낼 수 있도록 하는 과정에서 그의 역할은 시작되는 것이다. 그는 이것을 대화의 방식을 통해 수행한다. 사유하는 자의 인식은 밖으로 나와 논쟁을 거치는데, 그 과정에서 잘못된 것은 수정되고, 더 이상 쓸모없는 것은 묻어 둔다. 다시 말하면 잊는다.

인식이란 남성의 영혼에 신적인 것이 잉태되는 것이다.

사람들은 철학자들이 정신적인 잉태에 대해서 말하게 되는 데에는 이유가 있다고 말한다. 즉, 그들이 육체적인 잉태를 할 수 없는 무능함에 대한 보상을 받기 위해서 인위적으로 발견한 개념이라는 것이다. 이로써 그들의 출산에 대한 욕구를 채우려 한다고 매우 역설적인 말을 하고 있다. 하지만 우리는 출산에 대한 이 비유에서 남성중심적인 관점이 생산행위에서 행위에 대한 최상의 가치를 두고 있

---

22) Platon: *Theaitetos*, 150b 참조.
23) 같은 책, 150c.

음을 알 수 있다. 그리고 참된 인식의 궁극적인 조건을 진리를 잉태시키는 신에게서 찾고 있다는 것 또한 남성적인 사유의 전형으로 볼 수 있다. 신의 사정에 의해서 영혼의 잉태가 이루어진다는 설명은 진리와 지혜의 원천에 대한 은유이기는 하지만, 동시에 사유구조에서 인식과 지식의 창조원리의 기반을 약화시키는 것이기도 하다. 다시 말하면 남성적 사유는 진리가 최고의 한 존재로부터 나온다는 것, 그 존재가 다른 존재들을 배제하고 자신으로부터 재생산하고 있으며 그렇게 생산된 것 또한 그 존재로부터 흘러나온 것이라고 파악한다.

진리는 신으로부터 유래한다고 하며 남성의 영혼은 진리를 잉태하는 것으로 생각하면서 강조하고 있는 것은 그 진리사건에 참여하기 위해 영혼이 정화되어야 한다는 것이다. 그것은 영혼의 추상화를 말한다. 영혼은 스스로 진리를 창조하기 위한 노력을 기울일 수 없다. 영혼은 자신의 관심이나 의도를 버리고, 달리 말하면 완전히 자신을 포기하고 빈 그릇처럼 스스로를 제공할 수 있을 뿐이다. 그럼으로써 진리가 경험을 통해 표상되는 것의 방해를 받지 않고, 왜곡될 위험 없이 그 그릇에 담겨질 수 있게 된다.

여성들은 이러한 형이상학적이며 인식론적인 참된 지식을 받아들이기 위한 훈련을 하는 데 매우 커다란 어려움을 가지고 있다고 말한다. 여성들이 그러한 진리를 받아들일 수 있는 영혼을 가지고 있다고 생각되는지는 모르겠다. 하지만 그런 영혼을 가지고 있다고 가정한다면, 그 훈련이 어려운 이유는 여성들이 감성적이어서 정신적인 활동과

여성들은 감성적이기 때문에 정신적인 활동과 거리가 멀어진다.

73

거리가 멀다는 데서 찾아진다. 여성들은 그러한 신적이며 성을 초월한 유출을 받아들일 소질을 갖고 있지 않다고 보는 것이다. 그것은 정신이 남성적인 것이기 때문이다. 남성들은 자신들의 정신적인 출산능력을 신적인 것으로 나타낸다. 그것은 또한 신이 가진 무한한 잠재력이기 때문에 자신들에 대한 이해로 확증하고 싶어하는 부분이기도 하다. 여성들은 그런 식으로 자기이해에 도달할 수 없다. 자기이해 자체를 무한하며 멈추지 않는 사정의 도식 아래 설명하고 있는데, 여성들에게는 그러한 사정이 이루어지고 있지 않기 때문이다.

형이상학적인 진리는 그 원천을 볼 때 남성적이라고 말하는 것에 우리는 이의를 제기할 수 있다. 그러한 논제 자체가 다분히 성관계를 포함하고 있기 때문이다. 남성의 영혼을 비어 있는 그릇으로 비유하는 것에서 여성의 역할이 나타나고 있음을 본다. 남성의 영혼이 신에 의해 진리를 잉태한다는 것은 신의 생산행위를 세상에 드러내는 역할을 말해 주고 있다. 하지만 여기서 우리가 주의를 기울여 봐야 하는 것은 이러한 출산과정에서 남성의 영혼이 그 모든 일을 독자적으로 수행하고 있다고 설명하고 있는 점이다. 앞서 언급한 바 있지만, 정신은 스스로 생산하며 영원히 자기 안에서만 순환한다. 신은 남성의 인식을 통해 나왔다. 그 인식에 따르면 신은 무한히 상승하는 생산능력을 가지고 있는 전지전능한 존재이다. 남성들이 남성적인 인식능력을 잉태하고 있다는 것이다. 이런 식으로 다른 어떤 것도 개입할 수 없이 폐쇄된 범주 속에서 남성의 인식은 남성의 성격을 각인시키고 있는 것이다. 남성들이 탄생시

남자의 영혼은 진리의 자궁이다.

킨 보편적·인간적인 인식을 증명할 수 있는 방법은 없다.

인간의 인식에 내포되어 있는 진리에 관한 능력을 보편이라는 이름으로 위장하여 특정한 성의 특징에 근거를 두고 있는 이런 식의 사유 모델은 20세기에 이르기까지 그 위력을 발휘하였다. 이러한 사실은 다른 사례들을 통해서도 확인해 볼 수 있지만, 여기서는 이런 식의 합리성에 대한 인식이 경험적이며 물질적인 것에 대해 어떤 방식으로 이해하게 만들었는지 반성하려고 한다. 영혼이 신과 같은 존재로 인정을 받기 위해 진리를 끌어들이고 있다는 것이다. 하지만 인간의 영혼은 육체적인 감각과 관계를 맺고 있기 때문에 신과 같아지기 위해 정화작업(카타르시스)이 필요하다. 영혼은 육체를 이루고 있는 물질적인 대상들을 자극하는 감각으로 인해 순수성을 잃게 되기 때문이다.

플라톤은 《파이돈(*Phaidon*)》[24]과 《폴리테이아(*Politeia*)》[25]의 동굴의 비유에서 정화가 이루어지는 복잡한 단계에 대해서 설명하고 있다. 그것은 이론적인 반성을 하기 위한 추상이 쉽지 않다는 것을 보여 주는 것이다. 왜냐하면 그 과정에서 감각을 제거해야만 하기 때문이다. 최종적으로 남을 흠 없이 순수한 영혼은 자신에 대한 성찰을 할 수 있게 되며 감성이 배제된 순수한 대상인 이데아와 관계를 맺을 수 있다. 신과의 유비작용에서 실천적인 것에 대한 반성이 이루어지는데, 여기서 육체적인 욕구와 충동은 최대

추상은 감성으로부터의 정화를 말한다.

24) Platon: *Phaidon*, 64a~69e 참조.
25) Platon: *Politeia*, 514a~518b 참조.

한 배제될 수 있어야 하기 때문에 순수한 영혼의 요구만 남을 수밖에 없다. 영혼의 완성은 진, 선, 미 안에서 성취된다. 전통적인 사유에 뿌리를 두고 있는 칸트가 인간의 경험으로부터 인식의 자유로운 구성을 시도하기 위하여 순수한 인식과 순수한 이성의 비판을 언급하고 있었다는 사실을 상기하자. 그리고 비트겐슈타인의 초기 사유에서 수학에서 나타날 수 있는 논리의 순수성을 가장 이상적인 것으로 칭송하고 있는 것을 보자.[26] 이러한 보기들에서 신적인 진리를 받아들이기 위해 자신을 정화시키는 영혼의 능력을 이해하는 전통적인 도식을 볼 수 있다.

5.4.4 플로틴에게 있어 신은 유출하는 존재이다

신플라톤주의 철학자인 플로틴(Plotin)(약 205~270)은 신을 최고이며 유일한 존재로 보고 있다. 또한 최고의 선이며 초월적인 존재로 파악한다. 이러한 신은 스스로 생산하며 넘치는 존재이다. 그 넘치는 것은 세상으로 흘러들어가게 된다. 이러한 신의 유출은 자기생산과 함께 우주탄생의 원인으로 생각되고 있다. 그 유출이 이루어지면서 가장 먼저 정신이 생기고 그 다음에 인간의 영혼이 나온다. 스스로 생겨난 신과 그 신으로부터 나온 존재들과의 관계는 순환적일 수밖에 없다. 그 순환범주 안에서 신은 언제나 자신으로서 또한 자신을 위해서 존재한다.

플로틴에 있어서 신의 유출은 극단적으로 신적인 게시의

---

26) *Philosophischen Untersuchungen*, 108번에 있는 Wittgenstein의 자기비판 참조.

마르지 않는 사정으로 비유되기도 한다. 그것은 자신으로 부터 폭발되어 나와 흘러 넘치는 것이며 그 내용물 또한 무한한 양을 가지고 있기 때문이다.

> 이런 식의 비유를 통해 설명되고 있는 생산은 근원적인 것을 말한다. 유일한 신은 완전히 성숙된 존재이기 때문에 흘러 넘치는 것이고, 그렇게 흘러 넘침으로 인해 다른 존재도 만들어질 수 있는 것이다. 신에 의해 만들어진 존재는 결국 신에게로 다시 돌아가서 새로운 잉태가 이루어진다. 이러한 과정을 통해 생겨나는 것이 신을 조망하는 정신이다.[27]

영혼은 정신으로부터 만들어진다. 그리고 영혼에 내재된 이념적 사유는 세상을 만들어 낸다. 영혼은 이렇게 신과 같이 순환운동을 한다.

영혼은 가장 깊은 곳에 자신의 동일성을 보장하고 있는 불변하는 중심을 가지고 있다. 그 중심에 서서 밖을 내다보면서 영혼은 정신 혹은 자의식으로 자기실현을 이루게 된다. 영혼은 밖을 내다보고 있지만 그것은 단지 중심으로부터 일정한 거리를 두고 설정된 범주 안에서 이루어지고 있는 활동이다. 영혼이 경험하는 다양한 세계는 중심으로부터 분할된 것에 지나지 않는다. 영혼은 다양한 세계의 통일을 이해하기 위해 언제나 근원으로 돌아가며, 그 근원에는 신적인 통일이 자리잡고 있다. 영혼은 그 중심에서

중심을 향해 있는 신의 순환행위는 자기성찰의 본보기이다.

---

27) Plotin: Über die Entstehung und Ordnung der Dinge nach dem Ersten(Enneade V 2). *Plotins Schriften*, 제1권, Hamburg 1956, 238~243면. 여기서 인용된 곳은 239면.

일탈하는 순간 다수가 존재하는 세상에서 방황하게 된다. 중심에서 벗어난 영혼의 이론적인 사유는 단순한 지각에 불과한 것이며 그의 행위 또한 물질적인 것만을 바라보는 감각적인 추구에 지나지 않게 된다.[28]

신은 존재의 가능성을 설명해 주는 원이다.

플로틴은 모든 합리성의 합법적인 근원이 되는 신 개념을 문제삼는다. 유일한 존재만이 참되며 그 외의 다수 존재는 악하고 아무런 의미도 갖지 않는다고 제외시키려 하고 있는 것이다. 그것은 신의 유출로 인해 만들어진 다수의 존재들이 신의 자기순환 행위 속에서 다시 신을 받아들이고 신적인 통일로 흡수되어야 한다고 보고 있기 때문이다. 이것은 분명히 다수의 존재를 정당화시키려고 하는 것이다. 세상의 모든 체계, 개념 그리고 원칙들은 그 근원을 갖는다. 스피노자는 그 근원에 대해 자신의 기하학에서 잠시 언급한 바 있다. 그는 그것을 다름 아닌 제일 원인(causa sui)으로서의 신이라고 말한다.[29] 그것은 스스로 원인이 되고 있는 실체라는 뜻이다. 이러한 실체가 다른 존재들과 다른 점은 내재적이라는 것이다. 즉, 다른 존재들이 접근할 수 없는 폐쇄성을 갖고 있으며 이것은 결국 그리스 사유의 순환운동이 적용되고 있음을 보게 한다. 기독교에서 말하는 신은 단적으로 이러한 순환이 이루어지는 원에 대한 비유로 설명이 가능하다. 신이 인간이 된다고 하는 도식에서 설명하고 있는 기독교적인 신 개념에서 이러한 순환적 원운동의 비유가 나타난다. 하느님이 아들을 생산하

---

28) 앞과 같은 곳 참조.
29) Spinoza: *Ethik*, Hamburg 1955, 제1권, 제1정의.

여 땅에 내려보냈다가 다시 아버지인 자신에게로 돌아오게 함으로써 타락한 인류를 최초의 낙원에서처럼 신적인 것으로 회복시킨다고 설명하고 있는 것이다.

5.4.5 아우구스티누스의 영혼수태

플라톤과 플로틴에 이어 아우구스티누스(Augustinus)를 끌어들이고 싶다. 그는 자신의 고백록에서 임신과 '해산의 고통'에 대해서 서술하고 있다.[30] 그것은 자기자신의 영적인 탄생, 즉 기독교적인 요구에 따른 중생을 실현하기 위해 꼭 필요한 것이었다. 자신의 죄 많은 청년기를 생각하고 또한 기독교로 개종하여 주교로 승진하기까지의 과정을 생각하며 아우구스티누스는 자신이 참된 선을 보지 못하고 신과 멀어질 수밖에 없었던 과거의 일에 대해서 한탄하고 있다. 그러한 자신에게 자신을 미혹시켰던 늪과 같은 곳으로부터 구원되었다는 것은 신의 은총에 의한 것이다. 이것을 깨달은 그는 이렇게 노래한다. "하느님, 내 심장의 빛이며 영혼의 양식이여. 당신, 나의 정신을 잉태시키는 남성이며 내 사유의 자궁이여."[31] 이것은 확실히 소크라테스의 생산비유를 기억하게 하는 말이다. 아우구스티누스는 신에게 자신이 신의 진리에 참여하게 된 것을 감사하고 있다. 그는 특히 자신의 성적으로 타락했던 것을 몹시 참회하고 있는데, 그 이유는 자신이 그로 인해 신의 품을 떠나게 되었기 때문이다. 그는 신으로부터 오는 '즐거움'을 가장 최고의 가치를 갖고 있는 것이라고 말한다. "당신은

---

30) Augustinus: *Bekenntnisse*, Stuttgart 1993, 180, 209면.
31) 같은 곳, 47면.

진정으로 하나뿐인 쾌락입니다. 살과 피에서 오는 것은 아니지만, 그 어떤 쾌락보다 달콤합니다 [⋯]."[32]

신과 하나가 된다는 것은 성적인 행위가 아니다.

아우구스티누스는 처음에 기독교의 인격신이 인류의 구원자라는 것을 받아들이기 힘들었다. 그럴 수밖에 없었던 이유는 신플라톤주의의 영향을 받아 그의 세계관이 형성되었기 때문이다. 그는 질료적이고 물질적인 것을 역겨우며 경멸해야 할 대상이라고 생각하고 있었다.

> 그러한 육체와 섞이지 않은 본성은 동정녀 마리아에게서 나올 수 없다고 생각했다. 육체와 섞이면서도 오염되지 않을 수 있다는 것을 상상하는 일은 도무지 불가능한 일로 보였다. 그러니 육체적으로 오염되었을 것이라는 생각에 사로잡혀 있으면서도 그가 육체를 입고 나왔다는 것을 믿기가 두려웠다.[33]

육체의 오점

아우구스티누스는 하느님의 아들이 한 여성을 통해 나왔다는 것이 하나의 오점이라고 생각했다. 그것은 하느님이 살과 피로 이루어진 자신의 아들을 만들기 위해 그 방법이 어떻든 간에 마리아와 성적인 관계를 맺었을 것이라고 보는 것이다. 그의 절대적인 믿음에 따르면, 하느님은 정신적인 잠재력을 풍성하게 하기 위해 남성의 영혼을 자궁으로 이용한다. 그것은 남성의 정신끼리 관계를 맺을 때만 진, 선, 미를 갖춘 최상의 이념이 생겨날 것이기 때문이다. 하지만 하느님이 감각적으로 여성을 받아들이게 된다면 그의 신성은 오염되어 사라지게 될 것이라고 믿었다.

---

32) 같은 곳, 58, 189, 223면.
33) 같은 곳, 135면.

아우구스티누스는 후기에 이르러 자신의 유치한 전제를 스스로 비웃게 된다. 그렇다고 그가 육체적인 것에 대해서 가치를 새롭게 인정하게 되었다는 것은 아니다. 하지만 그가 비로소 하느님의 아들이 오염되지 않은 수태를 통해 이세상에 나왔다는 것을 믿게 된 것이다.

> 우리의 생명이신 그는 세상의 우리에게 내려와 우리의 죽음을 책임지고, 그의 생명의 풍부함에서 자신을 제거하고 천둥과 같은 소리로 외친다. 우리가 여기서 그에게로 돌아가야 한다고. 우리가 돌아가야 할 곳은 그가 거했던 동정녀의 특별한 자궁이다. 그 곳에서 인간 피조물, 죽을 수밖에 없는 육체는 그와 맺어지게 된다. 그 곳에서 그는 신랑처럼 나타난다.[34]

이렇게 하느님과 마리아는 육체적으로 섞이지 않고 만난 것이다. 예수가 '직접' 어머니의 육체로 들어갔다고 사람들은 이해할 수 있을 것이다. 동정녀의 순수하고 내밀한 이 거처에서 죄를 짓고, 타락하여 죽을 수밖에 없는 육체는 영원한 하느님의 정신과 새로운 관계를 맺을 수 있게 된다.

감각적으로 탐하는 육체를 가진 인간은 순수한 근원으로 돌아가서 그리스도와 맺어질 수 있어야 한다. 그것은 하느님의 아들이 인간을 정화시키고 영적인 존재로 만들어 내어 육체를 깨끗하게 만들어 주는 정화작용이다. 참된 정화가 이루어질 수 있는 유일한 길은 성적인 욕망으로부터 벗어나는 것이다. 그것은 역설적으로 들릴 수 있지만, 생산

---

34) 같은 곳, 106면.

의 조건이다. 여기서 말하는 생산이란 "신랑인 당신, 주와 함께 하는 즐거움에서 나올 수 있는"[35] 것이다.

아우구스티누스가 육체에 사로잡혀 정신의 근원으로 가는 길을 찾지 못하고 있었을 때, 그의 정화를 위해 노력한 사람이 있었다. 그는 바로 그의 경건한 어머니 모니카였다. 우리는 그의 어머니가 그를 위해 얼마나 많은 눈물을 흘렸는지에 대해서 알고 있다.

> 자비로운 당신은 내가 바다에서 홍수를 만났을 때(아우구스티누스가 카르타고에서 로마로 가는 항해 길에서 위기에 처했을 때) 나를 구했다. 그것은 완전히 타락하여 더럽혀진 내가 정결해져서 당신의 은총에서 오는 순수한 즐거움으로 이끌기 위한 것이었다. 그것은 또한 내 어머니의 눈물의 홍수를 멈추게 했다. 내 어머니는 나로 인하여 당신 앞의 바닥을 눈물로 적셨다.[36]

아우구스티누스는 자신의 어머니에 대해서 "여성처럼 처신하지만, 남성처럼 신앙을 지킨다"[37]고 말하고 있다. 그녀의 그런 점들로 인해 그를 하느님 앞에 굴복시킬 수 있었다는 것이다. 그녀는 그의 회심이 이루어지기까지 홍수로 표현될 만큼의 눈물을 흘렸던 것이다. 그 눈물은 그의 육체인 '통'을 정화시켰으며 그를 하느님의 영광에 "알맞은, 또한 가장 쓸모 있는 선한 하느님의 도구로서"[38] 만들었다.

---

35) 같은 곳, 219면.
36) 같은 곳, 129면.
37) 같은 곳, 228면.
38) 같은 곳, 220, 204면.

신이 무한한 사정을 통해 자신을 드러내며 자신의 잠재적인 능력을 유지하고 있으며 영혼을 잉태시킨다는 것, 그리고 인간이 진리를 받아들이기 위해 자신을 정화시켜야 한다는 것 등은 플라톤이 "인간이 진리를 인식할 수 있는 능력이 어디에서 오는가"를 은유로서 설명하고 있는 데서 유래한다. 이러한 설명은 750년이 흐른 뒤에 아우구스티누스에게서 기독교의 버전으로 재현된다. 아우구스티누스는 그것을 모체라고 하는 감각과 정신이 함께 뿌리를 내리고 있는 장소를 설명하는 것으로 확대시키고 있다. 모체란 하느님이 자신의 아들을 통해 육체의 욕망을 상징하는 여성으로부터 해방시키는 장소이며, 동시에 죄 없는 상태로 만들어 주는 곳이다. 성의 구별에서 오는 오염의 위험이 제거될 수 있는 곳이다. 아우구스티누스의 설명은 인간으로서 존재의 인간성을 일종의 동성애적인 정신관계로 돌리고 있기 때문에 근원적으로 남성중심주의이다. 그가 설명하고 있는 신의 관계맺음은 사실상 자신의 그것이며 그것은 영혼과 신의 관계를 궁극적으로 동일하게 보고 있다. 남성의 자아는 스스로를 신적인 것으로서의 남성으로 기획한다. 그러한 남성적 자아가 가지고 있는 능력은 영원하며 경험을 초월하는 잠재력과 동일시되고, 우주의 총체적인 의미를 담고 있는 것으로 나타난다. "그리고 우리는 정신의 세계에 도달해야 한다. 그것은 반드시 지나쳐야 하는 항해지역과 만나며 극복해야 하는 것들이 있다. 하지만 우리가 그 곳에 도달하면 당신, 즉 이스라엘은 진리의 초장에서 영원한 풀을 뜯게 한다."[39]

> 진정한 인간이란 스스로 자신의 신을 재생산해 낼 수 있는 남성이다.

---

39) 같은 곳, 241면.

5.4.6 셸링의 신적인 자기전수의 형이상학

남성중심의 사유구조를 가진 아우구스티누스에 이어 그에 대해 우리가 보여 줄 마지막 사례는 셸링(Schelling)의 자기전수의 형이상학이다. 아우구스티누스와 약 500여 년의 시간 간격을 갖고서 독일 관념론의 전통에 서 있는 셸링은 플라톤과 아리스토텔레스의 사유에 뿌리를 두고 있는 남성의 자가생산을 전지전능한 신과 연결시키고 있다. 여기서는 또한 가장 특징적인 남성의 본질로서 스스로 출산을 담당하는 신에 관한 플로틴의 유출 개념이 함께 언급되고 있는 것이다. "인간 자유의 본성과 그와 연관된 대상들(Über das Wesen der menschlichen Freiheit und die damit zusammenhängenden Gegenstände)"이라는 제목으로 1809년에 발표된 논문에서 셸링은 자유를 생생한 활동이라고 이해하고 있다. 이것은 인간의 자유를 신의 자유의 모사로서 증명하려는 사변적인 시도이다.

> 신은 죽은 자의 신이 아니라 살아 있는 자의 신이다. 가장 완전한 존재는 가장 완전한 기계에서 즐거움을 찾을 수 없다. 신으로부터 나온 사물들의 운행은 신의 자기계시이다. 하지만 신과 유사한 것에서만 신이 드러날 수 있다. 다시 말하면 스스로 자유롭게 행위할 수 있는 존재에게서만 신이 드러난다. 그러한 존재는 신은 아니지만, 신과 같은 존재이다.[40]

셸링의 신의 자유에 관한 언급은 전통적으로 그의 존재

---

40) Schelling, F.W.J.: *Über das Wesen der menschlichen Freiheit*, Stuttgart 1983, 57면.

를 영원불변하며 최고의 존재로서 고찰하고 있는 태도에서 비롯된 것이 아니다. 셸링은 오히려 자유 안에서, 자유로부터 신의 되어지는 과정을 드러내려고 한다. 신은 세계 안에서 자신으로부터의 재생산을 이루어 내고 있다. 셸링이 신의 되어지는 역사를 설명하고 있을 때 그것은 일반적으로 신을 의식하게 되는 여러 경로들을 모두 포함하고 있다. 그만큼 포괄적이다. 셸링은 이 때 신을 완결되고, 한결같이 존재하는 실체로 설명하는 대신 과정으로 설명하는데, 그것은 신의 역사 안에 대립적인 이중성의 원리가 있음을 전제하고 있기 때문이다. 단일 원리는 완성된 하나의 존재를 근거지을 수는 있지만 존재가 되어지는 과정에 대한 근거가 될 수는 없기 때문이다. 되어지는 신은 이에 따라 서로 대립하는 두 힘의 대결을 경험한다. 하나는 근거와 관련된 것이고, 또 다른 하나는 관계맺음과 관련된 것이다. 후자는 신의 사랑에서 오는 것이다. 즉, 신의 사랑은 자신을 개방하고 자신의 본성에 맞게 드러내도록 스스로에게 강요한다.

신은 자기계시와 사랑을 통해 신이 된다.

신이 자신의 본성에 맞게 드러나기 위해서는 자신 안에서만 본성을 드러내야 한다는 아집을 스스로 극복할 수 있어야 한다. 자신의 본질을 스스로 가두어 둔다면, 그는 신이 아니다. 셸링은 신이 신으로 되기 위해서 인간에게서처럼 일종의 해산의 고통을 경험하게 마련이라고 말한다. "스스로 존재하는 신으로부터 신이 생겨난다는 것은 모순이 아니다."[41] "자신을 낳는 영원한 일자를 경험하고자 하

---

41) 같은 곳, 71면.

는"[42] 열망으로부터 신은 "자신으로부터 나온 신을" 자신의 뿌리로부터 다시 나오게 하고 자유롭게 하려고 노력한다. 이것은 신이 악에 대해서 선이 이기도록 하고, 자기중심적인 폐쇄성에 대해서 사랑이 이기도록 하는 것이다.

역사적인 신의 탄생은 서구 합리주의의 근원적인 본보기가 되고 있으며 자율성과 동일성이 자기 형성적(auto-poietisch) 행위임을 보여 주기 위해 제시되고 있는 것이다. 서로 대립되며 관련을 맺고 있는 두 개의 힘은 추진력으로 작용하고 있으며 상호 균형을 유지할 수 있다고 설명되고 있다. 부분의지는 관계를 맺으려 하고, 보편의지는 확장시키려 하면서 상호 조화를 이루고자 한다. 신이 언제나 스스로 생산하고 출산하는 행위를 담당하고 있다는 것을 셸링은 '인간'에게 적용시킨다. 하지만 인간이 신과 다른 점은 자신의 자유를 부정적으로 사용한다는 것이다. 그것은 인간이 관계를 맺을 때 근원적인 이기심이 작용하는 생존원칙에 입각하여 악한 행동을 하게 되기 때문이다. 셸링은 인간의 악을 아우구스티누스와 달리 설명하고 있다. 다시 말하면 아우구스티누스는 악을 감각적인 것에서 비롯된다고 보고 있는데, 셸링은 오히려 인간이 감각적인 것을 가장 높은 원칙으로 추구하는 데에서 악이 비롯된다고 말한다. 인간의 악은 인간이 자신을 이해하는 데에 왜곡이 있게 하며 인간 그 자체가 은폐되도록 만든다. 인간이 인간으로서 드러나기 위해서는 세상에서 자신의 모습을 드러내고 있는 신처럼 행동해야 한다.

---

42) 같은 곳, 72면.

셸링의 설명에서 특징적으로 나타나고 있는 것은 신에 대해서 언급하면서도 강조하고 있는 부분이 다르다는 것이다. 그는 대립이 나타나지 않은 존재가 최상의 원칙이며 최고의 가치를 가진다고 가정하지 않고, 동일성을 자율성과의 관계에서 도출시키려 한다. 이러한 관계 속에서 드러나는 동일성은 중재하는 사건과 그와 더불어 존재하는 이중성을 전제한다. "모든 존재는 그의 대립에서만 드러날 수 있을 뿐이기 때문이다. 미움에서 사랑이 드러나고, 다툼에서 통일이 드러난다."[43] 이와 같이 셸링에게서는 서로 다른 것에 대한 평가절하가 나타나지 않는다. 서로 다르다는 것은 오히려 통일성이 드러나기 위한 피할 수 없는 조건이 된다. 셸링은 차이를 극복하고는 있지만 궁극적으로 추구하고 있는 것은 통일성이다. 이것은 그 역시 사유에 있어서 앞선 사상가들과 마찬가지로 남성중심주의적인 틀에서 벗어나고 있지 못하다는 것을 말해 준다. 스스로 생산하는 신을 남성적인 자기이해의 척도로 두고 인간에 대한 기획이 이루어지고 있는 것이다. 역사적으로 권력, 힘, 자기절제는 유비적으로 남성의 생산능력을 사유하도록 하게 하는 개념이다. 신적인 본질로부터 출발하여 인간의 본질을 설명하면서 인간의 행위원칙으로 받아들이게 하는 이러한 잠재적인 사고는 여성들에게도 사유의 본보기로서 바라보아야만 될 것으로 여겨지고 있다. 이로써 우리는 지식과 인간의 성적인 차이가 서로 상관이 없다는 사실을 알 수 있게 된다.

> 신은 잠재적인 존재로서 모든 차이를 극복할 수 있도록 해 준다.

---

43) 같은 곳, 89면.

5.5 성을 총괄하는 논리학

이제 우리에게 전체적으로 그림의 윤곽이 드러나고 있는 것 같다. 여기서 말하는 '우리'는 철학하는 여성뿐 아니라 남성도 함께 의미한다. 우리 모두 이 그림을 그리고 있다. 그런데 이 그림은 우리 안에서 특별히 의식하지 않아도 우리가 보고 사유하는 습관을 규정하고 있었던 것이다. 우리가 순수하고 합리적이며, 그렇기 때문에 모든 인간 이성에게 보편적으로 작용하는 역사를 초월하는 것이라 여기고 있는 사유의 본보기나 도식들도 우리가 아무런 저항도 하지 않고 스스로 사로잡혀 있었던 것임을 발견하게 된다. 이제 서서히 명확해지는 것은 우리가 '인간에게 보편적'이라고 말했던 것들이 '남성에게 보편적'이라고 불러야만 했었다는 점이다. 여성도 암묵적이지만 함께 생각되었다고 인정한다 하더라도 인류의 절반이 진리의 원천으로부터 제외되어 있었다는 사실은 틀림없다.

이제 우리에게는 자기이해를 다시 할 수 있는 새로운 그림이 필요하다. 두 가지의 방법이 있을 것이다. 하나는 보충하는 것이다. 페미니즘 인식론의 틀 안에서 여성적인 직관의 모델이 될 수 있는 근원적인 개념들을 발전시키는 것이다. 이미 언급한 바 있지만, 그것은 남근에 내재된 잠재력이 우월하다고 하는 환상에 빠져 있는 남성중심주의적 인지 유형을 간단히 여성을 중심으로 정초하는 틀 안에 맞추어 넣는 것을 의미하지 않는다. 여성중심으로 정초하는 틀은 질(膣) 혹은 자궁의 은유가 담겨 있으며, 성과 관련하여 남성적인 것이 보편적이라는 고정관념을 여성의 우월

여성중심주의 (Gynozentrismus) 를 통해 남성중심주의에서 모자란 부분을 보충할 것인가?

성을 가지고서 보충시키는 것이다. 이것은 성적인 기관이나 그것이 가지고 있는 기능에 의존하지 않더라도 여성의 자기이해를 위한 그림들, 예를 들면 관계를 드러내는 그림들을 통해 관계구조, 연관들, 문맥들을 나타내는 데 탁월하다고 장담할 수 있다. 이를 통해 개개의 인간은 홀로 방치된 채 차이가 드러나서 남성 아래 예속되어 소외된 개체가 아니라, 연관관계 안에서 활동하는 주체가 되고 그 관계들을 잇는 일에 공헌할 수 있게 된다.

또 다른 방법은 아마도 남성중심주의적으로 사유와 인식을 정초하려는 태도에서 벗어나는 것이 될 수도 있다. 이것은 인간의 참된 진리조건으로서 남성적인 자기이해뿐 아니라 여성적인 그것도 포괄하며 수용하려는 태도로부터 가능해질 수 있을 것이다. 하지만 사람들은 이러한 방법을 택하려 할 때 양성을 구별하는 일에 있어서 우선적으로 해명되어야 할 것이 있어서 쉽지 않을 것이라고 생각한다. 그것은 그들이 자기이해를 하기 위해서 어떤 구조들과 만나게 될 것이며 남성과 여성에게 공동으로 나타나는 인간적인 영역을 어떻게 구분할 수 있는가의 문제와 연결된다. '인간에게 보편적인 것'을 단순히 이제까지 우리가 생각해오던 남성적인 것과 여성적인 것의 결합으로 이해한다고 해도 큰 문제가 되지는 않을 것이다. 우리가 결합한다는 것을 포괄적인 기술로 이해하지 않고, 모두 노력을 기울여 탐색하고 발견해야 하는 것으로 여기고 있기 때문이다. 이러한 이해의 과정에서 우리를 안내해 줄 수 있는 그림이란 특정한 성에 대해 비하하지 않는 태도 속에서 찾아질 수 있다. 이것은 우리가 계획을 세울 때 남성중심주의나 여성

성 고정관념의 극복?

중심주의가 부각될 수 있을지도 모른다는 위험으로부터 우리를 보호해 줄 수 있는 전제이기도 하다.

감성적인 것은 인간의 자기이해를 위한 토대가 될 수 있는가?

　우리가 감성적인 것을 양성을 근본적으로 정초하는 데에 가장 적합한 영역이라고 증명할 수 있기 위해서는 경험을 통해 나타나는 그림들을 바라보아야 한다. 우리는 감각적인 생명체로서 경험을 통해 나타나는 그림들을 믿을 수 있다. 우리가 볼 수 있는 그림의 예를 들자면 고통, 두려움, 슬픔, 죄의식 그리고 기쁨, 행복 등이 있다. 이러한 모든 것은 감성적인 경험이다. 오성은 성에 대한 선입견을 갖고 있어서 인간을 나누고 있지만, 이러한 감성적인 경험들은 나누어진 인간들을 직접적으로 이어주고 있다. 감성적인 것은 인식론적인 전제들을 해명하고 새롭게 규정하는 데 좋은 단초가 될 수 있을 것이다. 감성적인 것은 이중의 관계를 갖는다. 하나는 감각적인 것과 맺고 있으며, 다른 하나는 예술 및 예술적인 아름다움과 연관되어 있다. 이러한 관계들이 우리가 직접적으로 개념을 끌어들일 수 있도록 만든다. 다시 말하면 인간적인 것을 그림으로 파악할 수 있도록 한다. 인간적인 것에 대해서 질적인 고유함을 말하게 되면서, 다시 말해 합리성을 내세워 감성적인 것을 인간에게서 떼어 놓으려 하면서부터 감성적인 것은 하위적인 것으로 규정된다. 감성적인 것과 멀어진 합리성은 자신이 은폐시키고 있는 감각적인 뿌리를 남근을 내세워 은유적인 소외를 감행한다.

감성적 이성

　합리성이 감성적인 요인들을 기꺼이 드러낼 수 있다면 합리성 그 자체를 그대로 드러낼 수 있을 뿐 아니라 합리

성이 제시하는 진리의 조건들도 감성적인 것으로 나타낼
수 있게 될 것이다. 그것은 합리성이 보편적인 것 안에서
특수한 것을, 차이 속에서 동일성을 드러낼 수 있는 구성
능력과 은유를 충분히 제공할 수 있기 때문이다. 합리성의
이중논리는 동일성에 기울어져 있는데, 이것은 감정의 논
리학을 함께 발전시킬 때 균형을 찾을 수 있다는 말이기도
하다. 감정의 논리학은 인간 존재가 가지고 있는 감성적인
요인들을 사유와 행위의 근본조건으로 간주한다. 감성과
오성의 긴밀한 관련을 끌어들여서 감성이 비합리적이라고
주장하는 논의들과 대결하고 있는 감성에 관한 연구[44]의
결과들을 우리는 확인할 수 있다.

5.5.1 자 율

세일라 벤하비브(Seyla Benhabib)는 인간의 상호관계에서
나타나는 이중논리의 가치를 보게 하기 위하여 남성주체
의 자율 개념에 대해 논의하고 있다. 그녀가 인용하고 있
는 홉스의 문장은 남성이 땅에서 갑자기 솟아나는 버섯에
비교되고 있는 것에 관한 것이다. "그들은 서로 아무런 관
계도 맺지 않고 자라난다고 말할 수 있다."[45] 이러한 관계

남성주체의 자율에는
관계와 관계맺음이
결여되어 있다.

44) Heller, Agnes 외: *Theorie der Gefühle*, Hamburg 1981; de Sousa,
Ronald: *The Rationality of Emotions*, Cambridge / Mass. 1987;
Greenspan, Patricia C.: *Emotions and Reasons*. An Inquiry
into Emotional Justification, New York / London 1988, Hamburg
1980; Ulich, Dieter: *Das Gefühl*. Über die Psychologie der
Emotionen, München 1985; Scheele, Brigitte: *Emotionen als
bedürfnisrelevante Bewertungszustände*. Grundriß einer epis-
temologischen Emotionstheorie, Tübingen 1990; Meier-Seethaler,
Carola: *Gefühl und Urteilskraft*. Ein Plädoyer für die emotionale
Vernunft, München 1997 참조.
45) Benhabib, Seyla: Der verallgemeinerte und der konkrete Andere.

맺음이 없이 태어난, 또한 어머니인 땅으로부터 철저히 독립해 나온 고독한 나르시스가 바라볼 수 있는 것은 자기자신뿐이다. 나르시스는 홀로 있는 것에 만족한다. 다른 사람이 그에게 나타나면 성가시게 느껴지고 화가 치밀어 오른다. 스스로에게서 규범을 찾는 개인들이 끝없이 요구하는 타당성은 일방적으로 그어진 경계 안에서 협의되고 결정된 법칙들이다. 이러한 법칙들은 타인을 배려할 수 있는 형제애로 무르익은 도덕이 아니다. 그것은 악한 자들을 처벌하여 편안히 살고자 하는 생존적인 욕구에서 나온 것이다. 여기서 타인은 경쟁의 대상이며 적일 뿐이다. 자율적인 주체가 스스로 제한하고 있는 것은 균형적인 관계 속에서 자신을 보호하려는 의도에서 나온다. 이것은 정의가 자율이라고 하는 잘못 이해된 나르시시즘에서 나온다는 사실을 말해 준다. 정의의 시금석에 따라 규정된 공적인 영역에서의 '합리성'과 내밀한 사적인 영역에서의 '비합리성' 사이에서 현대의 인간은 이리저리 매혹당하며 살고 있다. "역사가 만든 정의의 공적인 영역과 삶에서 만들어지는 경영의 비역사적인 영역 사이의 분리"[46]가 극복되지 못하면, 자율적인 남성 개체는 이성과 성향 사이의 대립을 더욱 굳혀 나가게 될 것이다. 세일라 벤하비브는 현대의 보편주의 도덕론이 이에 대한 실례로 나타나고 있는 것이라고 말한다.

세일라 벤하비브는 '보편화된 타자'의 관점을 문제삼는

Ansätze zu einer feministischen Moraltheorie. List, E. / Studev, H. 편: *Denkverhältnisse*. Feminismus und Kritik, Frankfurt a. M. 1989. 464면.
46) 같은 곳, 467면.

다. 보편화된 타자는 도덕적인 성찰을 위해서는 필연적으로 요청되고 있지만, 그것이 절대화되었을 때 비인간화의 결과가 생겨날 수 있다고 말한다. 보편화된 타자의 관점으로부터 출발하여 순수한 이성 개념이 나오고, 이러한 이성 개념으로부터 모든 인간의 동일성을 정의하는 형식적인 평등 개념에 도달하게 된다. 이에 따르면 인간의 권리와 의무를 규정할 때, 상이성에 대한 고려가 이루어지지 않고 "개별적 타자와 구체적 동일성이라는 도식 안에서 우리는 추상하게 된다."47) 세일라 벤하비브는 이 말을 롤스를 인용하여 설명한다. 즉, 개인들의 특별한 요구들, 관심, 타고난 소질 그리고 사회적 특권을 기만하기 위하여 고안된 '무지의 면사포' 아래서 "타자는 본래의 자신과 전혀 다른 모습이 되어 사라져 버린다."48)

> 보편화된 타자는 순수한 추상 개념이다.

벤하비브는 보편화된 타자의 관점이 이렇게 추상적이며 형식적인 데 대하여 '구체적인 타자의 관점'을 대립시키려고 한다. 구체적 타자는 "개체로서의 모든 합리적 존재가 구체적인 역사, 동일성 그리고 감정적인 범주를 통해" 파악되어야 한다는 점을 고려하고 있다.49) 사람들은 자신과 달리 생각하고, 느끼고, 의욕하며 행하는 역사적인 존재를 경험하게 됨으로써 구체적인 타자와 만나게 된다. 이성적인 개인들로 이루어진 사회에서도 서로 다른 생각을 가진 다수가 존재할 수 있다. 사람들은 자신과 다른 타인들 속에 흡수될 수 있고, 자신과 다른 생각을 가지고 있는 그들과

> 우리에게 생생하게 맞서 있는 것은 구체적인 타자이다.

---

47) 같은 곳, 468면.
48) 같은 곳, 471면.
49) 같은 곳, 468면.

관점을 교환할 수도 있다. 다양한 인간들이 서로 관계를 맺고, 개개인의 고유한 특성들을 서로 인정하고 지켜 줄 수 있다. "이러한 관계의 법칙은 책임, 결합, 분리로 나타나는 도덕적인 범주 안에서 찾아볼 수 있다. 각 범주에 해당하는 도덕적인 감정은 사랑, 염려, 동정심과 일체감이다."[50]

세일라 벤하비브는 형식적이고 보편주의적인 도덕 이론을 비판한다. 그것은 구체적인 타자의 관점을 경시하여 근원적인 인간의 자아를 놓쳐 버렸기 때문이다. 인간의 자아는 언제나 삶의 맥락과 연관지어진다. 그것은 홉스가 버섯에 비유하고 있는 것처럼 인간의 욕구, 목표의식 그리고 가치관을 무시하고 단순하게 정신의 자율적 자아로 정의 내릴 수 있는 것은 아니다. 벤하비브는 이러한 비판적인 의식을 바탕으로 하여 포괄적인 도덕철학의 개념을 제시한다. 그것은 '욕구를 해석하는 의사소통의 윤리학'과 '관계가 고려된 도덕적 자율의 모델'이 결합되어 있는 것이다. 다시 말하면 벤하비브는 '상호관계적인 보편주의'의 편에 선다. 그것은 "보편화된 타자의 존엄성을 구체적인 타자의 도덕적인 동일성을 인정함으로써 보증하고 있는 것"[51]이다. 그럼으로써 실천적인 합리성이라는 범주 안에서 도덕적으로 선한 삶을 조망할 수 있고 사실적인 욕구들도 도덕적인 판단 속에서 고려될 수 있게 된다.[52] 도덕에

---

50) 같은 곳, 469면.
51) 같은 곳, 476면.
52) 벤하비브는 여기서 특별히 하버마스의 담론 이론과 연결시키려 한다. 이와 관련된 내용은 Benhabib: *Kritik, Norm und Utopie. Die normativen Grundlagen der Kritischen Theorie*, Frankfurt am Main 1992 참조.

서 배려 및 책임의 문제를 정의의 원칙과 함께 고려하는
것은 반드시 요구되고 있는 것이다. 이와 함께 배려의 문
제 속에 정의와 관련된 도덕적인 논의가 요청되는 것은 너
무 당연한 일이다.

세일라 벤하비브는 계속해서 한나 아렌트(Hannah Arendt)
의 판단력 이론에 대한 단편들에 대해 언급하고 있다. 그
녀는 도덕적으로 판단할 수 있는 방법을 '행위에 있어서
모성, 다수성 그리고 서사성의 관점'[53] 아래서 진행되어
가는 절차로 설명하고 있다. 이것은 도덕적으로 중요한 상
황들을 고려하고 있는 것으로서 보편적인 원칙 아래 그저
예속되게 함으로써 특정한 행위의 근거를 만들어 내려는
것과는 다른 방법이다. '맥락을 고려하여' 보편타당하게
만들자는 것이다. 이것은 도덕적인 행위 주체의 의도, 원
칙, 장점, 가치관 등을 서사적인 역사 속에 포함시키고, 주
체를 선입관 없이 이해하는 것을 전제로 한다. 규범이행에
대한 이해와 설득을 위해서는 개인이 도덕적으로 행하게
되는 동기가 구체적으로 고려되어야 한다. 이러한 과정을
거쳐서 얻어지는 단일한 행위규범은 도덕적인 가치를 인
정할 수 있다. 왜냐하면 담론에 참여한 주체들의 동의가
논쟁을 거쳐서 표현된 것이기 때문이다. 맥락이 고려된 도
덕적인 판단이 의무로 제시하고 있는 범주적인 명령을 한
나 아렌트처럼 세일라 벤하비브는 다음과 같이 서술하고

맥락에 입각한
도덕을 옹호함.
맥락이 고려된
윤리학에서의
범주적 명령

---

53) Benhabib, Seyla: Urteilskraft und die moralischen Grundlagen der
   Politik im Werk Hannah Arendts. *Zeitschrift für philosophische
   Forschung* 41(1987), 547면.

있다. "너의 행위의 원칙이 다른 모든 사람들의 관점이 담겨질 수 있도록, 그래서 그들로부터 동의를 얻을 수 있도록 하라."[54]

페미니즘 윤리학에서는 구체적인 타자의 관점을 강조한다. 그것은 어떠한 인간 개체도 소외시키지 않을 것을 말하고 있기 때문이다. 인간은 성별, 민족, 종교 등이 달라도 동등한 위치를 가진 담론의 대상으로 인정되어야 한다. 인간은 모두 이성적인 존재로서 타인을 자신과 동일시할 수 있는 능력을 가진다. 다시 말하면 보편적인 권리와 의무를 갖고 있다. 하지만 동시에 자신을 다른 사람과 구분지을 수 있는 특징과 개성을 갖는다. 이러한 페미니즘 윤리학은 상호관계를 고려하여 개인들의 생활세계적인 맥락들 안에서의 자율을 인정하려고 한다. 그렇기 때문에 이러한 윤리학을 특별히 페미니즘에 입각해 있다고 말하기보다는 인간본질에 입각해 있는 것이라고 하는 것이 옳다. 남성중심의 윤리학이 가부장적인 것을 내세우고 있는 것과 달리 페미니즘 윤리학은 여성중심적인 행위원칙을 내세우는 것으로 흐르지 않고 가부장적인 것을 극복하고 있기 때문이다.

드루실라 코넬(Drucilla Cornell)[55]은 개인들에게 보편적인 원칙이 적용되었을 때 나타나는 문제점에 주목한다. 다시 말하면 보편적인 원칙을 일반적인 개념으로 적용시킬 수

---

54) 같은 곳, 541면.
55) Cornell, Drucilla: Die Zeit des Feminismus neu gedacht. Benhabib, Seyla: *Der Streit um Differenz*. Feminismus und Postmoderne in der Gegenwart, Frankfurt / M. 1993, 133~144면.

없게 되고, 더 나아가 이것이 특정한 개인들을 경시하게 되는 부당함의 원인이 될 수 있다는 것이다. 그녀는 하나의 실례로써 평등 개념에 대해서 언급한다. 사람들은 이 개념을 모든 인간에게 보편적으로 적용될 수 있는 규범적인 성격을 띠고 있다고 생각한다. 하지만 여기서 인간 모두에게 적용될 수 없는 이유가 있다. 그것은 남성의 자기이해에서 출발하고 있기 때문이다. 근본적으로 배제된 여성이나 본보기가 되는 남성에게 미치지 못하는 동성 간의 차이가 여기서는 무시된 채 그 개념이 이해되기를 강요하고 있는 것이다. 코넬은 평등의 남성적인 척도에 맞지 않는 것을 도태시키게 되는 이러한 이해보다는, 각 개인의 동등한 가치라는 관점에서의 새로운 이해를 제시하고 있다. 그것은 개인의 차이를 인정하면서 스스로 선택한 삶의 방식과 형태에 근거하고 있는 사회적 역할구조와 개인들의 경험을 수용할 수 있는 길이다. 라캉의 영향을 받아 코넬은 생물학적인 성의 구별을 부정한다. 생물학적인 성의 구별은 문화적으로 구성된 것이기 때문이다. 그녀가 희망하는 남성과 여성의 구별은 데리다(Derrida)의 생각과 다르지 않다. "사회문화적으로 구성된 성역할 때문에 여성에게 어떠한 폭력도 가하지 않고, 남성도 거부되지 않고 공존할 수 있게 된다."[56] 여성과 출산이 늘 함께 생각되고 있다는 것은 여전히 문제로 남아 있다고 하지만, 그것이 그 자체로 큰 문제는 아니다. 그것은 남근중심적인 사유와 차이가 있기 때문이다. "남성들은 무의식적으로 남근과 생산능력을 동일시"하고 있지만, 그것은 여성의 생산능력을 의식하고

> 사람은 누구나 평등(Gleichheit)한 것이 아니라, 각 개인의 가치가 동등(Gleichwertigkeit)한 것이다.

---

56) 같은 곳, 91면.

있다는 말이기도 한다. 그로써 남성이 자신을 정립하는 데에 있어서 남성적 신화를 이끌어들이고 있는 것의 한계가 드러나고 있는 것이다.[57]

5.5.2 주 체

주체의 개념을
포기할 수 없는가?

미국의 페미니스트들은 성의 차별에 관한 논쟁을 벌이면서 주체 및 동일성 개념에 대한 이론적인 입장의 전환을 보여 주고 있다. 특히 동일성 개념은 주체 개념과 연관되어 있으며 추상적으로 순수한 정신의 매개체 안에서 발전된 것이 아니라, 남성의 육체적인 특성에 근거하여 재구성된 것으로 보아야 한다는 입장을 지지한다. 하버마스(Habermas)의 담론 이론을 지지하는 세일라 벤하비브는 이러한 맥락에서 비판적인 거리를 두고 있기는 하지만 주체 개념을 지지하고 있다. 그것은 상황이나 역사에 의해 규정되는 자율, 자아동일성의 주체를 가정하지 않으면 성의 차별에 관한 논의를 더 이상 진행시킬 수 없기 때문이다. 그녀는 페미니즘을 통해 사회비판적이며 유토피아적인 기획을 하려고 했기 때문에 그러한 개념들을 포기할 수 없었다. 다시 말하면 "내가 한계를 가지고 있기는 하지만 나와 다른 존재를 두려워하지 않고 자율적인 개인이 가질 수 있는"[58] 비전을 지키기 위해서이다. 그녀는 "이성을 남성적인 주체로 보는 신화로부터 벗어나기"[59] 위해서도 페미니즘이 기여할 수 있기를 희망한다. 이러한 희망은, 이미 언급한 바도 있지만 보편화되어 있으면서도 추상적이고 육

---

57) 같은 곳, 136면 이하.
58) Benhabib, Seyla: *Der Streit um Differenz*, 27면.
59) 같은 곳, 11면.

체적인 특징으로부터 자유로운 타자를 인정해야만 이루어
질 수 있다. 구체적인 타자가 개별적인 몸의 주체이면서 대
상으로서의 가치를 인정받을 수 있을 때 그와 동일한 다른
주체들과 진정한 협력관계를 맺을 수 있기 때문이다.

유디트 버틀러(Judith Butler)[60]는 포스트모던 사유에 입
각하여 특히 미셸 푸코(Michel Foucault)와 유사한 생각을
갖고 있다. 그녀는 주체 개념 및 그와 관련하여 보편성을
요구하는 것에서 근본주의에 입각하여 전체주의를 옹호하
는 힘의 원리를 정초하려는 사유가 나타나고 있다고 본다.
그녀에게 주체는 남성의 권력욕구가 전체주의적으로 구성
되고 있는 것에 불과하다. 차별과정에서 나타나는 선택과
소외는 자아를 비주체적으로 구성하고 생산한다.

> 주체는 이론들을 형성하는 '이론화하는 주체'로서 일련의 선택
> 과 소외과정을 통해 구성된다. […] 권력은 그것에 대해서 말하는
> 주체와 대상을 확정하기 이전에 작용하지 않는가? 그리고 주체
> 화 과정을 보라. 당신들도 그 과정 속에서 탈주체화가 전제되고
> 있다는 것을 분명히 보게 되지 않는가? […] 주체에 대한 논의에
> 서 주체가 출발점이 되고 있지 않다. […] 주체를 비판한다는 것
> 은 그것을 부정하는 것, 인정할 수 없다는 것을 말하는 것이 아니
> 다. 주체비판은 주체구성의 전제가 있는지, 그 전제가 어떠한 규
> 범적인 토대에 근거해 있는지 검토하는 것을 그 내용으로 하고
> 있다.[61]

주체는 그렇다면 여성
적인 것을 탈주체화하
려는 권력의 도구인가?

---

60) Butler, Judith: Kontingente Grundlagen. Der Feminismus und die
    Frage der 'Postmoderne'. Benhabib Seyla 편: *Der Streit um Differenz*,
    31~58면.
61) 같은 곳, 38~41면.

버틀러는 주체범주를 언어학적으로 해체하면서 여성 및 생물학적인 성의 개념에 대해서도 함께 수행하려 한다. 그녀의 의도는 주체범주가 억압수행의 도구로써 사용되었다는 것을 드러내려는 데에 있다. 다시 말하면 주체의 범주가 여성적인 특성을 이론적, 실천적으로 규정하고 그에 대한 논의를 주도하게 되었다는 것이다. 이것이 전제가 되어 여성은 낮은 인간서열을 갖게 되며 자신의 천한 동일성에 알맞은 언어를 사용하도록 강요당하게 되었다고 본다. 이러한 세력관계를 반영하고 있는 논의체계에서 나타나는 구조는 주권에 대한 도구를 관찰하면서 밝혀진다. 새로운 관점에서의 주체에 대한 담론은 '여성의 탈주체화'[62]를 방지할 수 있고 성별 코드가 바뀌어질 수 있도록 만든다.

> 언어에 의한 구성은 하나의 생산방식이다. 그것도 주어진 권력과 담론구조 안에서의 구성이다. [···] 하나의 주체가 다른 모든 것에 대한 주체로 구성될 수 있다면, 구성을 위한 협정이나 규범이 반복될 수 없을 것이다. 하지만 주체가 계속해서 구성되고 있다는 것은 주체가 원래부터 구속하는 것이 아니라 자유로운 구성이 가능한 것임을 말하는 것이다.[63]

몸과 성의 논의를 통한 생성

유디트 버틀러는 주체를 육체구성의 결과로 보고 있다. 그녀는 '육체'를 주어진 것으로 여기지 않고 논의를 통해 성의 동일성이 지정되면서 활동하게 된다고 생각한다. 육체는 따라서 문화적이며 정치적인 구성물이다. 육체는 아

---

62) 같은 곳, 131면.
63) 같은 곳, 125면.

무엇도 그려지지 않은 백지에 비유될 수 있는 것이며, 그 백지 위에 성의 동일성이 그려지게 된다.[64] 유디트 버틀러의 설명은 이것으로 끝나지 않고 계속된다. 그녀가 육체를 백지에 비유하고 있는 이유는 육체에게 하나의 보다 본질적인 실체가 덧붙여진다는 사실을 강조하기 위해서이다. 그녀는 이렇게 문제를 제기한다. "육체를 그런 식으로 그림이 그려지지 않은 백지처럼 아무런 가치도 없는 단순한 사실로서 규정하고 있는 것은 무엇인가?"[65] 그녀는 스스로 대답한다. 그 사실 자체가 육체의 개념을 쓸모없게 만들고 성별 특성을 지닌 육체를 '살덩어리의 형태'로 파악한다.

> 우리는 성의 동일성을 […] 그에 따라 살덩어리의 형태로 보고 있으며, 동시에 경향적이면서도 실행적인 '행위'로 보고 있다. 여기서 '실행적'이라는 개념은 조작되고 우연적인 의미의 구성을 나타낸다.[66]

버틀러는 성 동일성이 이러한 실행적인 행위의 결과가 될 수 없다고 말한다. 그것은 오히려 고정된 것이며 보편적으로 나타날 수 있는 것이라고 본다. 다시 말하면 전통적인 해부학에 근거해서 해명될 수 있는 것이라는 그녀의 주장은 성 동일성이 유형화를 거듭 수행하면서 구성된다는 사실을 지적하는 것과 연결된다. 유형화가 거듭 수행되

성 동일성의 자기기획

---

64) Butler, Judith: *Das Unbehagen der Geschlechter*, Frankfurt a. M. 1991, 192면.
65) 같은 곳, 191면.
66) 같은 곳, 205면.

면서 우연성은 마치 본성적인 것으로서 나타나고 있다. 하지만 버틀러는 "성의 특징으로 규정된 동일성"이 "연속적인 것처럼 나타나는 것이 아니라, 시대적으로 유형화되는 행위의 반복"[67]이라고 말한다. 파기할 수 없도록 미리 정해지고 몸에 새겨지는 것들을 자연스럽게 받아들이도록 하는 환상을 주체로 여기도록 하는 것은 시간이다. 그것은 또한 성 동일성이 묘사되기 이전에 존재하는 자아나, 행위를 마친 행위자의 존재를 부정하고 있는 것이다. 몸은 무엇인가 새겨지면서 시작되고 자아, 주체, 행위자도 그 이후에 나타난다. 몸이 실행적으로 기획되었듯이, 실행적으로 존재하듯이, 몸의 성별 특성들 또한 그러하다.

버틀러는 다시 한번 가능한 오해를 견지하며 이렇게 말한다. "카프카(Kafka)가 말하는 식민지 감옥의 고문기구는 스스로 해독할 수 없도록 피고의 살에 직접 새겨 넣는다."[68] 하지만 성의 동일성은 이런 식으로 몸에 적어 넣을 수 없다는 것이다. 그녀는 '현실적인 성의 구별'이 환각적인 구성이라고 말하려 한다. 실체에 대한 환상의 해체는 새로운 시각을 열기 위한 하나의 전략이다. 성의 차이와 그러한 차이가 고려된 성의 동일성은 존재론적으로, 주어진 그대로 기획되어야 할 것이다.

'규범을 따르는 것'은 이러한 전략들 중 하나일 수 있다고 버틀러는 말한다. 도덕적인 의무를 강요하는 권력은 무

여아는 여성적인 규범을 통해 여성이 된다.

---

67) 같은 곳, 207면.
68) 같은 곳, 214면.

조건적으로 자연법을 따르고 있다. 규범을 따르라는 것은 규범이 자유로워서가 아니라 겉보기에만 따르는 것처럼 보이게 하기 위해서이다.

> 사람들이 '여아(Mädchen)' 라고 부를 때, 그것은 '여아가 되어야 한다는 것' 을 강요하고 있는 것이다. 그것은 피동적인 것으로서 규범보다 강한 개념적인, 혹은 상징적인 힘을 갖고 있다. 즉, 육체적으로 규정되고 있는 여성으로 형성되기를 강요당하고 있는 것이다. 문제는 '여아' 가 생명의 주체이면서도 그러한 자질을 갖추고 그런 존재로 남기 위한 규범 '따르기' 를 강요당하고 있다는 것이다. 여성적인 특성이 여아에게서 나타나는 것은 따라서 선택의 결과가 아니라, 규범을 강제적으로 따르는 것에서 기인하는 것이다.[69]

이것은 여성에게만 해당되는 것이 아니다. 차별받지 않고, 보통 볼 수 있는 자율적인 남성도 정해진 규범을 따라하라고 강요받고 있다. 이렇게 성의 이중성이 명시되고 있지만 우리가 잊고 있는 사실이 있다. 그것은 성의 이중성이 남성의 의지를 통해 규범이 만들어지는 과정에서 나왔다는 것이다. 즉, 성의 차별은 이러한 의지의 구성물이라는 것이다. 여기서 드러나고 있는 것은 남성들이 몸의 해부학을 통해 여성적인 자기이해와 남성적인 자기이해를 빠져 나갈 구멍도 없이 결정적인 법칙으로 만들어 놓고, 본성이라고 각인시켜 놓았다는 점이다.

---

69) Butler, Judith: *Körper von Gewicht.* Die diskursiven Grenzen des Geschlechts, Berlin 1995, 306면.

남성의 도덕은 주권
싸움을 통해 정해진다.

미셸 푸코는 남성의 입장에서 도덕에서의 남성중심주의
적인 요소를 지적하고 있는 매우 드문 철학자이다.

남성을 위해 만들어진 이러한 도덕에는 스스로 도덕의 주체가
되기 위해 자신을 위한 남성적 구조를 정립하려는 노력이 내재
한다. 사람들은 남성적인 관계를 맺기 위해 자신과 다른 성별을
가진 존재와의 관계에서 습득한 남성적 행위를 통제하고 다스리
게 될 것이다. 사람들은 또한 자기자신과의 싸움에서, 또한 자신
의 욕망을 다스리는 싸움에서 자기자신을 권력, 계급, 권위적 관
계와 동일시하려고 한다. 사람들은 스스로 남성, 즉 자유로운 남
성으로서 인식하고 자신과 달리 자유롭지 못한 여성에게 그러한
관계를 만들어 내라고 요구한다.[⋯]

남성의 도덕[⋯]에서 여성은 남성의 세력, 즉 타인(아버지, 가장,
후견인)의 세력 안에서 조화를 이루고 양육과 집안일을 보살펴
야 하는 일반적인 대상으로서, 혹은 그 가치가 인정된다면 남성
의 배우자로서 나타나게 된다.[⋯]

여성의 덕은 예속관계를 통해 나타나고 보장된다. 엄격한 남성
이 주권을 가지고 여성으로서의 윤리를 규정한다.[70]

성차별은 생물학적
으로 존재하는 것이
아니라 남성적
논의의 결과이다.

몸을 존재론적인 구조로부터 벗어나게 하고, 막강한 힘
을 행사했던 가부장적인 수행의 결과물임을 깨닫게 되면
여성적 자기실행의 방법을 전망할 수 있는 길이 비로소 열
린다. "본성과 더불어 몸 또한 기획되는 것이라면, 그들은
거꾸로 불협화음과 본질주의적인 규정을 넘어선 실험무대

---

70) Foucault, M.: *Sexualität und Wahrheit*, 제3권, Frankfurt a. M.
1977∼1986; 제2권: *Der Gebrauch der Lüste*, 33, 110, 233면.

가 될 수도 있을 것이다."[71] 성차별은 없으며 자연적으로
타고나는 성과 더불어 몸이 규정될 수도 없다. 몸 그리고
동일성은 다시 기획되어야 한다. 그리고 그 방법은 지금
시작되고 있는 새로운 담론 속에서 찾아져야 한다.

페미니즘 철학에서 다루는 이론적인 문제들은 서로 다른
관점들로 나타나고 있지만 차이 개념을 극단화시키지 않
는 방법을 다루고 있다는 데에서 공통점을 찾을 수 있다.
다수의 존재는 인정되어야 하고, 그로써 전체적인 동일성
을 새롭게 이해할 수 있어야 한다. 동일성은 더 이상 드러
나는 차이를 제외하기 위한 특정한 기준을 간직해서는 안
된다. 그러한 기준을 통해 이제까지 제외되어 왔던 것들에
대해서 —그것이 개념이든, 자아든, 이성이든 그리고 성이
든지— 동등한 가치를 회복하고 차별하지 않는 철학적 반
성이 이루어져야 한다. 그들의 역동적인 구조를 보기 위해
서는 초월적인 것을 끌어들이지 말고, 있는 그대로 볼 수
있는 태도가 필요하다.

결론: 차이 개념을
극단화시키지 말라.

동일성은 생기는(engendered) 것이고 구현되는(embodied)
것이라고 설명할 수 있어야 한다. 다시 말하면 몸을 이해
하기 위해서는 몸에 각인된 사회적 역할을 자신이 어떤 것
에 기준하여 정의하고 있는지 설명할 수 있어야 한다. 유
디트 버틀러의 저서 *Bodies that Matter*—독일어로 '몸의
무게'[72]로 번역될 수 있는 책—에서는 그 무게의 이중성

---

71) 같은 곳.
72) Butler, Judith: *Körper von Gewicht*. Die diskursiven Grenzen des
    Geschlechts, Berlin 1995.

을 드러내려고 한다. 즉, 몸에게 무게를 주는 것은 물질이
지만 그 물질은 악의 총체로 여겨져 정신의 영역에서 추방
당했던 물질, 전통 형이상학에서 경시하고 있는 물질일 뿐
만 아니라, 인간의 본질을 스스로 그리고 자신을 통해 구
체화시키고 있는 개별적인 전체이기도 하다는 것이다.

CHAPTER 6

두 가지 도덕

사유영역에서의 이중논리는 근원적으로 합리성을 남성적인 것이라고 규정짓는 것에 대한 간접증거가 되었다. 행위영역에서도 이중논리는 남성도덕과 여성도덕이라는 두 가지 도덕을 가정한다. 그런데 여기서 우리는 이 두 가지 도덕을 동등한 가치를 가진 것으로 규정하지 않는 윤리적 원칙을 발견한다. 남성적인 도덕원칙으로서 정의를, 여성적인 도덕원칙으로서 배려를 말하고 있지만, 그 원칙에 의하면 전자가 후자보다 더 높은 가치를 가진 것이다.

6.1 배려 대 정의

미국의 심리학자 캐럴 길리건(Carol Gilligan)은 이러한 두 가지 도덕의 대립에 관하여 논의하고 있다. 그녀는 발달심리학의 대표자들인 장 피아제(Jean Piaget)와 로렌스 콜버그(Lawrence Kohlberg)에 의해 개념화된 도덕발달의 단계 모델을 연구하면서 문제점을 발견한다. 그것은 그들이 보편타당하다고 주장하는 분석결과가 오직 남성만을 실험의 대상으로 정하고 있는 과정에서 나왔다는 것이다. 그러니 그 실험결과는 남성들에게만 해당되는 것이다. 캐럴 길리건은 그들이 다루고 있는 도덕적인 갈등 상황에 대해서 남성과 여성을 모두 실험에 참여시켜 다음의 결과를 도출해낸다. 여성들의 도덕발달은 일정한 연령에 도달하게 되더라도 남성들에 비해 뒤떨어지지 않는다는 것이다. 여성들은 자신들에게 달리 적용되고 있는 사회적인 역할에 따라서 도덕에 대하여 남성들과 다른 이해를 발전시킨다. 여성들의 도덕관념에 대한 논리가 남성들이 선호하는 그것보다 확고하지 못하다고 할 수 없다. 그녀는 1982년 출판된 자신의 저서 《다른 목소리로(In a Different Voice)》에서 서로 다르지만 동일한 가치를 지니는 두 가지 도덕에 대한 이해에 관해 변론하고 있다. 남성적인 정의의 도덕과 여성적인 배려의 도덕은 규범적인 행위지도에 있어서 서로 보충적인 형식으로서 존재한다는 것이다.

캐럴 길리건은 서로 다른 도덕적 판단이 동일한 사태에서 나타날 수 있다는 것을 납득시키려고 한다. 그녀는 이를 위해 서로 다른 모양으로 지각할 수 있는 그림을 제시하고 있다. 사람들은 예를 들어 토끼로 보이기도 하고 오리로 보이기도 하는 머리 모양을 관찰하게 될 경우에, 두 가지 모양을 하나가 아닌, 각각 다른 모양으로 지각하게 된다. 그리고 이 때 사람들에 따라서 서로 다른 모양을 발견하고 있음을 알게 된다.

특정한 기득권을 가지고 있거나 삶의 습관들에 따라서 지각하는 바가 서로 다를 수 있다. 토끼 사육사는 그 그림에서 바로 토끼를 생각할 것이고 오리고기를 파는 사람은 오리 모양을 보게 될 것이다. 사냥꾼이 그것을 본다면 아마도 사격을 하기에 좋은 조건에 따라서, 자신의 기호에 따라서 유리한 쪽으로 생각하게 될 것이다. 캐럴 길리건은 현실적인 조건들을 보는 시각에 따라서 서로 생각하는 것이 다르다고 착안하게 되었다. 서로 다르게 생각하는 것에 대하여 "이렇게 보는 것이 더 낫고 달리 보는 것보다 뛰어나다"[73]고 말할 수 없다는 것이다. 우리는 일반적으로 "현실을 단일한 모습으로 지각하려는"[74] 경향을 가지고 있다. 그러나 서로 다른 시각들에 대하여 등급을 매기면서 일정한 시각을 절대화시키는 태도를 인정할 수는 없다.

그런데 이런 일이 도덕의 영역에서 나타나고 있다. 도덕적인 갈등을 해결할 때, 정의의 관점을 배려의 관점보다 우월한 것으로 나타내고 있는 것이다. 캐럴 길리건에 따르면 그것은 남성들이 도덕원칙에서 자율적인 개별성의 원칙을 높이 평가하고 있기 때문이다. 대부분 여성들이 따르고 있는 타인에 대한 배려의 원칙은 남성적이지 않기 때문에 낮게 평가되고 있다는 것이다. 그런데 이러한 발달심리학자들의 판단은 자기실현을 예언하면서 자신들의 경험을 통해 검증하고 확정하는 데서 비롯된다. 그들은 인터뷰를 할 때, 질문유형을 자신들이 생각하고 있는 틀에 맞추어 작성한다. 그리고 남성들을 면담 대상자로 선정하여 대답하게 한다. 그들은 그러한 면담결과를 적용하려 할 때만 여성들을 실험대상으로 요청한다.

다른 사람을 배려하는 것은 남성적인 것이 아니라고 생각한다.

---

73) Gilligan, Carol: Moralische Orientierung und moralische Entwicklung. Nunner-Winkler, G. 편: *Weibliche Moral*. Die Kontroverse um eine geschlechtsspezifische Ethik, Frankfurt a. M. 1991, 79면.
74) 같은 곳.

피아제는 어린이의 도덕적 판단능력을 설명하면서 주석에서 여
아들에 대해 주로 언급하고 있다. —그는 색인 하나에 네 개의 짧
은 부가설명들을 제공하는 호기심을 보인다. 이것은 물론 '남
아'에 관한 것이 아니다. '어린이'라고 하면 그것은 부연설명이
없이도 '남아'로 이해되고 있기 때문이다— 하지만 콜버그는 그
나마 자신의 이론을 이끌어 내는 연구에서 여아에 대하여 주석
에서조차 언급하지 않는다.[75]

캐럴 길리건이 문제로 지적하고 있는 것은 심리학자들이
남아와 남성의 도덕발달 단계를 이끌어 내면서 어린이와
성인 일반의 것과 너무나 당연하게 동일시하고 있다는 것
이다. 우리는 이것을 통해 인류의 절반이 인류의 도덕규범
에서 소외되고 있다는 것을 또 한번 확인하게 된다.

콜버그는 그런 식으로 도덕적 판단능력의 생성을 하나의
과정으로 재구성하고 있는데, 그 과정은 세 영역의 총 여
섯 단계로 진행되고 있는 것이다.[76] 인습을 익히기 이전
(전 인습)의 첫 번째 단계에서 아이들은 약한 자들이 강한
자들에게 순종하는 것이 정의라고 이해한다. 약한 자들에
게는 서로 평등한 조건 위에서 강한 자들과 정의를 교환할
수 있는 능력이 없기 때문이다.[77] 전 인습기의 제2단계에
이르면 유치하지만 정의를 도구적인 의미로 이해하게 된
다. 그리고 긍정적이든 부정적이든 엄밀한 상호 대처에 관

콜버그의 도덕발달
단계 모델

---

75) Gilligan, Carol: *Die andere Stimme*. Lebenskonflikte und Moral der
   Frau, München / Zürich 1990, 28면 이하.
76) 앞으로 Kohlberg, L.: *The Philosophy of Moral Development,* San
   Francisco 1981을 참고로 할 것이다.
77) 같은 곳, 147면 이하.

해서 생각한다. 즉, 네가 나를 때리면, 나는 네게 복수할 수 있으므로 너를 때릴 수 있다고 한다.[78]

인습기의 1단계이자 전체적으로 제3단계에 이르는 청소년기가 되면 다른 사람의 입장이 되어 보려고 한다. 물론 이 때에도 자신이 권리와 의무를 잘 수행하면 사회의 질서가 유지될 수 있다고 보고 있지는 않다. 하지만 복수를 하는 것보다는 용서하는 것이 더 좋은 것이라고 생각할 수 있다.

인습기의 2단계이자 전체적인 도덕발달의 제4단계, 즉 성인들 대다수가 이에 해당하는 단계에 이르게 되면 '법과 질서'의 원칙이 비로소 지배하게 된다고 콜버그는 말한다. 여기서 말하는 정의는 법 앞에서 모두가 평등하다는 것에 따라서 사회적 체계 안에서 규정되는 정의와 의무의 상호 관계로 이해된다.[79]

개인은 후기 인습기인 제5단계에서 나타난다. 여기서는 법칙공리주의에 입각하여 사회질서를 합법적인 계약을 통해 정초하려고 한다. 이제 더 이상 자신이 속한 집단을 내면적으로 지배하는 도덕을 규범적인 행위의 도구로 사용하지 않고 인권을 생각하게 된다. 자유로운 협약을 통해서 인권의 보편적인 타당성을 도출해 내려고 한다.[80]

---

78) 같은 곳, 148면.
79) 같은 곳, 151면.
80) 같은 곳, 153면.

최고의 단계인 후기 인습기의 제6단계에서 마침내 개인은 정의의 최종적인 모습인 자신의 완전한 도덕적인 판단능력에 도달하게 된다. 이것은 스스로 자율의 원칙을 담당하고, 모든 개인이 인격적인 자기가치를 가지고 있음을 인정하며, 그에 따라 모든 인간이 그 자체 목적으로서 행위할 수 있게 되는 것을 말한다.[81]

캐럴 길리건은 발달심리학자들이 여성의 도덕적 판단능력을 콜버그에 의해 제시된 모델의 제3단계에 머무는 것으로 보고 있음을 상기시킨다. 여성에 대한 그러한 평가가 나오게 된 이유는 여성의 행동반경이 가정살림과 양육에 제한되어 있기 때문이다. 그것은 여성에게 남을 돕고 배려하는 것을 최선의 도덕적인 덕목으로 확신하게 하고 자율적으로 정의에 대한 이해를 할 수 없도록 만든다. 길리건은 이 점을 상기시킴으로써 여성들의 도덕발달을 남성들에 미치지 못하는 것으로 보는 것이 여성들의 결핍이 아님을 보여 주려고 한다. 여성들은 남성들과 다른 도덕적 논리와 성향을 갖는다. 이 점이 구체적인 인간관계에 주력하고 있는 배려의 원칙을 가치가 낮은 것으로 천명하게 만들고, 여성들의 도덕적 실천에서의 판단척도가 되고 있는 것을 미성숙한 것이라고 천시하는 이상한 관점과 절대화로 흐르게 한 것이다. 토끼 머리와 오리 머리를 동시에 떠올릴 수 있는 그림과 관계해서 생각해 볼 수 있는 것과 마찬가지의 결론을 도출할 수 있다. 사람들이 그 그림에서 토끼 머리만을 떠올리면서 오리 머리를 생각하는 사람을 무시

여성의 도덕적 능력은 고유한 가치를 지니는 것이다.

81) 같은 곳, 163면.

하게 될 수 있다는 것이다. "언어와 학문이 그 자체의 의미를 가지며 중립적일 수 있는가에 대해서 우리가 의문을 품게 되는 것은 우리의 인식 범주가 구성된 것을 깨닫기 때문이다." 그래서 우리에게 서서히 분명해지는 사실이 있다. "우리는 우리의 삶 자체를 남성의 시각으로 보는 일에 익숙해져 있다."[82] 남성의 시각을 갖게 되면서 남성의 눈에 들어 있는 검불까지 떠맡는다. 그래서 자주적인 실행능력을 갖고 있는 여성들을 은폐시키고 여성들의 가치를 스스로 낮게 평가하였다.

남성의 시각을 통해 여성들의 능력은 잘못 평가되고 있다.

행위와 규범의 갈등이 일어났을 때 최소한 두 가지 이상의 도덕적인 판단이 제시될 수 있으며, 그 차이가 가치의 등급으로 나타날 수는 없다는 것으로부터 출발해 보자. 그렇다면 여아와 성인 여성의 도덕적인 성숙과정을 남성의 규범이해를 기준으로 밝히고 있는 실험결과는 의미를 상실하게 된다. 캐럴 길리건은 새로운 면담을 통해 얻어진 실험결과를 평가하면서 자신의 연구과정 속에서 동료들로부터 자주 들을 수 있었던 '다른 목소리'에 관심을 기울이게 된다. 그녀는 자신의 경험으로부터 탐구해 나가면서 스스로 토끼 모양에 사로잡혀 있던 것으로부터 벗어나 오리 모양에 집중하려고 한다. 이것은 도덕적인 문제를 연구하면서 여성적인 판단을 분석하는 것을 의미한다. 그녀의 분석은 이러한 생각에 도달하게 된다. 여성들은 두드러지게 '배려의 관점'에서 판단하고 있으며, 그들에게 '정의의 관점'에서 판단하는 일은 드물게 나타난다.[83]

---

82) *Die andere Stimme*, 14.
83) 도덕적 갈등에 대한 유명한 예가 있다. 그것은 열한 살짜리 어린이

정의의 관점으로부터 배려의 관점으로 바꾸게 되면 관계가 조직
되는 차원이 달라진다. 불평등이냐 평등이냐의 관계로부터 결합
이냐 결별이냐의 관계로 변하게 된다. [⋯] 평등이 아닌, 결합을
총괄하고 있는 것에서 기획되고 있는 관계들을 변화시키는 것은
우리가 인간의 상호관계를 파악하는 방식이다. 그래서 관계에
대한 그림이나 은유는 계급이나 균형이 아닌, 관계망이나 조직
을 강조한다.[84]

이러한 구조나 조직에 대한 이해는 인상적이게도 인간
관계의 토대가 되는 차원을 조망할 수 있다. 그러한 상호
주관적인 인간관계는 객관화시킬 수 없는 것이다. 그것은
그러한 관계가 주체들에 대한 상호관계적인 태도에만 존
재하는 것이기 때문이다. 사람들이 구조를 떠나 사유하게
되면, 정의의 추상적인 관점에서 보면 동등하다고 인정되
고 있는 자율적인 개인도 마찬가지로 관계 맺지 않는 실체
로 남게 된다.

캐럴 길리건은 오랫동안 부각되었던 정의의 원칙이 여성

와의 면담을 통해 도덕적인 성숙의 정도를 판단하기 위해 콜버그가
도입하고 있는 것이다. 그것은 소위 우리가 '하인즈의 딜레마
(Heinz-Dilemma)'라고 부르는 것이다. 하인즈는 곤란한 상황에 빠
져 있다. 그의 아내가 위독하여 매우 비싼 값을 치러야 하는 약이
필요한데, 그것을 구입할 능력이 없는 것이다. 그는 약사에게 약값
을 싸게 해 달라고 부탁했지만, 약사는 그 부탁을 거절한다. 하인즈
는 자신의 아내를 죽음으로부터 구해야 하는데, 이를 위해 그 약을
훔쳐도 되는지/그래야만 하는지/그럴 수밖에 없는지에 대해서 고
민한다. 아이들로부터 이러한 물음에 대한 대답을 이끌어 내기 위
해 합리적으로 형성된 가치들(생명, 돈, 재산)의 논리에서 출발하여
상호작용을 기반으로 하는 관계의 논리에 이르기까지 전략적인 범
위를 설정한다. 같은 곳, 39면 이하 참조.
84) *Moralische Orientierung*, 84면.

적인 배려의 원칙에 대해서 누려온 특권을 없애기 위해 두 가지의 도덕적인 관점을 비교하고 있는 것이 아니다. 그녀는 오로지 두 가지 원칙이 서로 보충적이며 인간의 행위를 위해 모두 요청되는 척도가 되어야 한다고 생각한다. 이 두 원칙을 일면적으로 고찰했기 때문에 남성들은 "관계에 어려움을 갖게 되며, 여성들은 자신들을 개별화하는 것을 힘들어 한다."[85] 그래서 상호 오해는 처음부터 배제될 수 없다. 예를 들어 폭력이나 공격적인 성향과 같은 현상에 대해 여성들은 거부반응을 보인다. 그것은 결합을 방해하거나 파괴하는 요인이 되고 있기 때문이다. 하지만 남성들은 정의를 위해서 그것이 불가피할 때가 있다고 느낀다. 그들은 서로 의미도 없이 그저 잔인한 것이라고 비난하고, 위험 앞에서 비겁한 태도를 보인다고 맞선다.

그런 식의 논쟁은 끝이 없이 이어진다. 캐럴 길리건은 임신중절에 관한 격렬한 논쟁을 보기로 들어 끝없는 논쟁의 이유를 설명하려고 한다. 정의의 관점에서 보는 남성들은 임산부의 권리와 3개월 이상 된 태아의 권리를 비교한다. 그리고 두 가지 권리에 대해서 보다 우월한 하나의 원리를 찾으려고 한다. 이 경우 태아의 권리가 더 비중 있는 것으로 고려된다. 하지만 여성들은 이와 달리 배려의 관점에서 임신중절에서 나타나는 딜레마에 관해 일차적으로 반성한다. 그리고 책임 혹은 무책임의 문제와 관계지어 임신중절의 문제를 다룬다.[86] 캐럴 길리건은 여기서 결정적으로 두

---

85) *Die andere Stimme*, 17.
86) *Moralische Orientierung*, 87면 이하 참조.

가지 관점을 모두 고려하자고 제안한다. 하나의 원칙이 채택된다고 해서 제외된 다른 것을 도덕적인 가치가 떨어지는 것으로 평가절하시키지 말자는 것이다. 도덕적인 논의에서 악한 것이 아니라고 인정된다면, 함께 의견을 같이 할 수 있는 결론에 이르도록 하자는 것이다. 게다가 남성이 배려의 원칙을 주장할 수도 있고, 대다수의 여성들이 정의 원칙이 필요하다고 느낄 수도 있을 것이다.

도덕 판단과 행위의 척도로서 남성들은 정의를, 여성들은 배려를 선호하는 이유가 무엇인가에 대해서 캐럴 길리건은 자신의 견해를 밝히고 있다. 그녀는 레브 비고트스키(Lev Vigotsky)와 낸시 초도로(Nancy Chodorow)의 작업[87]을 소개한다. 그들은 어린이들이 불평등을 경험하고 배우게 되는 유아기 초기에 주목한다. 힘없이 의존해야 하는 어린이들의 보호와 생존을 위해 그들이 부모와 함께 있다는 것은 매우 중요하다. 하지만 그와 동시에 그들은 자립성과 권력에 대한 욕구가 증가하게 된다. 남아의 성 정체성은 어머니로부터 벗어나는 것과 더불어 어머니를 통해 표현되는 배려의 원칙과 밀접한 관련을 맺으며 형성된다. 이에 반해 여아의 경우에는 어머니의 역할을 예견하면서 이러한 원리를 내면화한다. 남아의 경우 배려하는 관계들을 직접 몸

남성들과 여성들의 서로 다른 사회화 과정 이 두 종류의 도덕이 있게 하였다.

---

87) Vigotsky, Lev S.: *Mind in Society*. The Development of Higher Psychological Processes, Cambridge, Mass. 1978 (독일어 번역본은 *Geschichte der höheren psychischen Funktionen*, Münster [u.a.]1992); N. Chodorow: *The Reproduction of Mothering*. Psychoanalysis and the Sociology of Gender, Berkeley / Calif. 1978 (독일어로는 *Das Erbe der Mütter*. Psychoanalyse und Soziologie der Mütterlichkeit, München 1985). *Moralische Orientierung*, 92면 이하 참조.

으로 체험하기는 하지만, 결국에는 자신들의 해부학적인 소속에 따라 남성인 아버지를 모델로 하여 당파성을 배제하고 있는 정의의 원칙을 선호하게 된다. 독립적이며 개별적이기를 원하는 남아들은 어머니 혹은 여성의 태도에 대해서 자신들의 생각과는 상반되는 비독립적이며, 자기희생의 존재, 당파적인 성향을 가지고 있으며 감정적이라고 생각하게 된다.

두 가지 도덕은 환원할 수 없는 것이다.

이제 도덕에 대한 시각을 두 가지로 나누어 성별 특징을 부여하는 태도를 바꾸어야 한다. 그리고 더 나아가 아이들이 균형 있는 도덕의식에 도달할 수 있도록 교육하는 방법에 대해서 생각해야 한다. 그렇지 않으면 "서로 다른 방향을 표방하는 것들이 대립이나 반영이 아닌, 보다 나은 유일한 도덕적 진리 혹은 악하고 육체적인 것으로 존재하게 된다"[88]고 캐럴 길리건은 강조한다. 하지만 그녀는 각자가 자신의 논리에 따라 도덕적인 정당화를 할 수 있을 때, 갈등 상황에서 서로 다른 관점들이 어떻게 합의를 이끌어 갈수 있는지에 대해서는 언급하고 있지 않다. 토끼는 오리로 환원될 수 없고 반대의 경우도 마찬가지이다. 그러니 그것을 통일한다는 것이 어떤 의미가 있으며, 그 통일이 이루어질 수 있을까?

캐럴 길리건의 관심은 오직 각각의 도덕적 시각이 가지고 있는 한계를 인식하고 그를 통해 도덕 판단에서 허용되어서는 안 될 편협함과 일면성을 벗어 버리는 것에 있다.

---

88) *Moralische Orientierung*, 96면.

정의 판단은 그의 내재된 자기중심주의 때문에 잘못 내려질 수 있다. 자신의 관점을 객관적인 것으로, 혹은 진리와 혼동하는 경향이 있고, 타인도 자신과 같을 것이라고 보면서 타인의 관점을 자신의 기준에 맞추고자 한다. 배려 판단은 자신의 한계에 대해 생각하려 하지 않기 때문에 오류를 범할 수 있다. 사람들은 스스로에 대하여 '확신을 하고 있지 못하며' 자신에 대한 평가에서 타인의 관점에 의존하려고 한다.[89]

우리는 서로 다른 도덕적 관점에 맞추어 보는 일을 배워야 한다. 그것은 한편으로 상호 인간관계가 자율과 독립에 방해가 된다고 하는 (남성적인) 편견을 정리하기 위해서이며, 다른 한편으로는 자율에 대한 열망이 고립과 난폭함을 낳는다는 (여성적인) 선입견을 깨닫게 하기 위해서이다.

6.2 길리건 논쟁에 대한 찬성과 반대

캐럴 길리건의 연구는 많은 논쟁거리를 제공하고 있다. 그녀의 고찰은 다양한 논쟁으로 나타나고 있다. 길리건을 연구하는 많은 사람들은 엄격한 법칙과 원리이해에 근거하고 있는 규범 및 가치등급에 대한 언급을 문제삼고 여러 가지 의견을 제시한다. 그들의 의견은 길리건의 논의에서 두 가지 도덕의 관점을 분석할 때 규범적인 것을 소홀히 하고 있다는 지적과, 경험적인 결과에 부여된 타당성에 의문을 제기할 수 있다는 것으로 나누어진다.

---

89) 같은 곳, 97면.

세일라 벤하비브는 캐럴 길리건과 콜버그 사이의 논쟁에서 캐럴 길리건을 지지한다. 그녀는 정의의 원칙을 포괄적으로 비판하는 더욱 확대된 영역에서 윤리학적인 고찰을 수행한다. 그녀는 한편으로 "성의 질서('젠더와 섹스의 체계')를 우연적인 형식이 아니며, 유기체와 사회적 실제의 상징적인 분리와 체험을 나타내는 필연적인 형식"[90]이라고 보는 것에서 출발한다. 그녀는 또한 그것을 다른 한편으로 역사적으로 알려진 성의 질서가 여성들을 억압하고 착취하는 데 기여했다는 것에 대한 증명된 사실로서 고찰하고 있다.

두 가지 도덕의
역사적인 뿌리

그녀는 근대가 그에 대한 분기점이 되고 있다고 밝힌다. 근대에 이르러 당위를 강조하게 되고 실천철학에서 정의 원칙을 통해 공공성을 법적으로 보장하는 사회계약의 근본규범으로 드러내려고 하기 때문이다. 가정은 도덕적이며 정치적인 관계 속에서 다루어지다가 개인적인 차원에서 다루어지게 된다. 가정에서의 가부장은 자연적으로 부여된 개인적 소유원칙에 따라 여성, 어린이, 하인들을 자신의 마음대로 처리할 수 있다.[91] 남성의 권력과 여성의 권력은 그를 통해 엄밀히 분리된다. 남성은 정의의 능력을 소유한 자율적인 존재이고, 여성은 배려하면서 살림살이를 지휘한다.

세일라 벤하비브는 캐럴 길리건의 두 가지 도덕에 대한

---

90) S. Benhabib: *Der verallgemeinerte und der konkrete Andere*, a.a.O., 454~487면.
91) 같은 곳, 462면 이하.

논의를 보충하고 있다. 그녀에 따르면 두 가지 도덕은 근대의 산물이다. 길리건이 들었던 '다른 목소리'는 여성들에게 가해진 관계의 억압 속에서 자신들의 초자아로 내면화되었던 명령이 메아리로 울려 나온 것이다.

두 가지 도덕의
논쟁을 비판함

게르트루드 눈너 빈클러(Gertrud Nunner-Winkler)[92]는 경험적 관찰을 통해 길리건이 제시하고 있는 도덕적 지도와 성별에 관한 질서를 지지할 수 없으며, 그것은 결국 하나의 신화에 불과한 것임을 증명하려고 한다. 그녀는 다음의 사실에 근거하고 있다. "어린아이들은 특정한 법칙들이 보편적이며 권위와 상관없는 타당성을 가지고 있다고 파악한다. 사람이 함께 살고 있는 곳에서는 어디서나 언제든지 타당성이 부여된 법칙이 있는데, 그것은 도덕법칙이다."[93] 그녀 스스로 시험한 결과에 따르면 어린이에게는 규범인식이나 성차별의식이 나타나지 않는다. 남아와 여아 모두 정의의 관점에서 판단하며 배려의 관점에서도 판단한다. 그들을 도덕적으로 지도할 때 결정적으로 영향을 미치는 것은 그때 그때의 상황이나 도덕적 판단능력의 성숙도이다.[94]

심리학적 실험방법의
문제점에 관하여

경험적 의견을 확증하고 평가하는 두 명의 여성심리학자들 간의 논쟁은 시험과정에서 어떠한 어려움에 봉착했는지 알 수 있게 한다. 남아는 상황을 판단할 때 여아보다 배

---

92) Nunner-Winkler, Gertrud 편: *Weibliche Moral*. Die Kontroverse um eine geschlechtsspezifische Ethik, Frankfurt 1991.
93) 같은 곳, 148면.
94) 같은 곳, 149면.

려의 관점에서 수행하는 능력이 떨어지고 여아도 남아만큼 정의 원칙을 적용할 수 있다는 눈너 빈클러의 주장이 맞는다고 해도, 이것을 통해 어떤 원칙이 현실적으로 우수하며 어떤 것이 보다 높은 것으로 평가될 수 있을지에 대해 언급했다고 볼 수는 없다. 두 명의 여성심리학자들은 서로 대립이 되는 결론에 도달했다. 하지만 여기서 우리는 경험이 중립적인 사실로서 우리 눈에 보이는 것과 사태의 일치로서 받아들여질 수 있는 어떤 것을 말한다고 주장하는 것에 의문을 제기할 수 있게 된다. 이것은 어쩌면 본래 사람들이 선입관 없이도 사물, 즉 도덕적인 사물에 접근할 수 있다는 잘못된 학문 이론적인 반성에서 나온 신화인지도 모른다. 심리학에서의 실험 또한 개념들을 가지고 수행되는데, 그 개념들은 도덕의 이해를 가지고 있는 윤리학의 영역에서 그 도덕적인 이해를 바탕으로 하여 설문을 개발하고 있는 것이다. 직설적으로 표현하지면, '숲을 향해 소리치면 메아리로 울린다'는 모토에 따라 그러한 물음의 결과가 나오게 되는 것으로 보인다. 이것을 달리 표현하면 심리학자들이 자신들의 실험을 자신이 이해하고 있는 도덕에 따라서 구성하고 있다고 할 수 있다. 그들의 실험대상자들은 심리학자들이 유년기에 배우고 습득한 규범이해에 맞추어 반응하고 있는 것이다. 실험에 대한 평가도 심리학자들의 도덕적 이해 아래 조명되고 있는 것이다. 소년 A와 소녀 B가 배려나 정의의 관점을 촉발하게 되는 상황이 어떻게 생겨나며, 어떤 행동이 나오는지를 그들은 검토한다. 이러한 순환적인 방식은 물론 지양될 수 없다. 하지만 우리는 언제나 그때 그때의 조건들을 의식해야 하며, '순수하고' '절대적이며' '객관적인' 학문적 이상에 의존

해서는 안 된다. 그것은 경험이 해석으로부터 독립해 있다
는 것을 믿을 수 없다고 말할 수 있듯이, 믿을 만한 것이
못 된다. 현실은 구성하는 사람에 따라 서로 다양하게 생
성되는 구성물이다.

그리고 우리의 사유가 결국 남근논리를 본보기로 하고
있는 그저 일차원적인 것에 지나지 않는다는 것이 사실이
라면, 계급구조에 개입하고 있는 것은 무엇이며 엄격한 통
일원칙 속에 예속되어 있는 것은 무엇인가? 쉬운 일은 아
니지만 철학으로부터 발전된 모든 학문의 뿌리는 형이상
학적임을 알게 된다. 형이상학은 보편적 인간에 관한 사유
를 위해 남성적인 자기이해를 도구로 하여 생겨났고 합리
성 이념을 선호하고 있는 것이다. 그래서 우리는 사물을 볼
때 남성중심주의적으로 —남성의 시각을 가지고— 볼 수
밖에 없었다. 눈너 빈클러의 실험을 통해 그것이 특정한
도덕을 위한 남성적인 신화로 확인이 되었다고 해도 놀랄
만한 일은 아니다. 전통적인 도덕은 남성적인 뿌리를 갖고
있었기 때문이다. 여성의 도덕은 남성들의 발명품이다. 남
성들은 자신들을 위한 자율을 선언했으며, 여성들에게 남
성이 아니면 가치를 인정받을 수 없는 행위를 강요했다.
오늘날 여아들에게 정의원칙과 그에 해당하는 실천적인
판단능력을 인정한다고 해도, 그것을 오래된 도덕에서의
남성중심주의의 극복이라고 볼 수는 없는 것이다. 남성들
의 명령을 통해서가 아니라, 여성들의 자기이해를 반영하
고 있는 여성의 도덕이 형성되어야 할 것이다.

학문의 합리성 기준:
형이상학의 유산

마릴린 프리드먼(Marilyn Friedman)은 길리건의 '타자의'—반드시 그렇지는 않지만, 대체로 여성을 지칭하고 있다—목소리 관점을 옹호하면서 도덕적인 맥락에서 나타나는 하나의 사실을 지적하고 있다. "문화적으로 그 때마다 두 가지 성 중에 하나를 떠올릴 수 있는 도덕적 가치와 규범이 실제로 서로 차이가 있다는 것은 분명한 사실이다. 남성들과 여성들이 서로 다른 도덕판단을 내리고 있다는 사실은 통계적인 검증은 불가능해도 분명히 드러나고 있는 것이다."[95] 그녀는 성별에 따라 도덕화가 이루어지는 방식이 다르다고 주장한다. 길리건이 자신의 저술에서 다루고 있는 대부분의 여성들은 일치된 경험을 하고 있었다고 지적한다. 그리고 그것이 저자에게 확신을 가지게 했던 것은 "여성을 상징하는 도덕적인 음성으로 남성을 상징하는 소리와 구분할 수 있다"[96]는 사실이다. 이것은 간접적으로 이루어졌다. "여성과 남성에게 고정관념, 상징, 신화로 나타나는 성의 사회적 구성은 각각 서로 다른 도덕규범 및 가치와 결합되어 나타나고 있다. 이는 도덕을 '성역할이 각인되어 있는' 것으로서 보게 하며 성별에 따라 '도덕화가 이루어지는' 방식이 서로 다르다고 주장하게 한다."[97] 배려는 여성에 대해 공통적으로 부여되는 성별 고정관념에 속한다. 하지만 사람들은 남성에 대해서 원칙을 따르고 자율적인 행위를 할 수 있다는 생각을 갖는다. 이것은 남

---

95) Friedman, Marilyn: Jenseits von Fürsorglichkeit. Die Ent-Moralisierung der Geschlechter. Nagl-Docecal, Herta 편: *Jenseits der Geschlechtermoral*. Beiträge zur feministischen Ethik, Frankfurt 1993, 241~265면.
96) 같은 곳, 247면.
97) 같은 곳, 245면.

성과 여성의 도덕적인 자기표현을 지각하는 데서 나타나는 성별에 입각한 고정관념이다. 그리고 이것은 그러한 지각이 경험적으로 나타나는지의 여부와 별개의 문제로 다루어진다.

두 가지 도덕에 관한 길리건의 논의는 두 가지 입장으로 나누어져 발전하고 있다. 하나는 배려의 관점을 윤리적인 본질로서 지속적으로 유지하려는 것이며, 또 다른 하나는 그러한 관점을 통해 보다 적극적으로 성별 도덕화를 극복하는 방향으로 나아가고자 하는 시도이다. 넬 노딩스(Nel Noddings)[98]는 "우리는 왜 배려를 배려하는가"라는 물음을 던진다. 어머니가 입을 열지 않고 있는 동안 아버지의 언어인 이성에 종사할 수밖에 없었던 전통적인 원칙윤리학에 대해서 여성의 에로스 원칙을 근간으로 하는 새로운 윤리학으로 도전하려는 것이다. 그녀는 관계의 이념을 중점적으로 다룬다. 여기서 관계는 '배려하는–부분' 과 '배려되는–부분' 으로 나누어진다.

> 배려는 책임윤리의
> 토대가 된다.

지식이 아니라 우리의 윤리학의 토대를 이루는 결합에 대한 요구가 있다. [⋯] 인간 존재로서 우리는 누군가를 배려하기도 하고 배려의 대상이 되기도 한다. 배려는 그 자체로 중요하다. [⋯] 도덕적으로 살고 있는 많은 사람들은 도덕적인 문제에 형식적으로 접근하지 않는다. 특히 여성들이 도덕적인 문제에 그렇게 다가가고 있는 것으로 보이기 때문에, 그들은 가능한 구체적인 상

---

98) Noddings, Nel: Warum sollen wir uns ums Sorgen sorgen? Nagl-Docekal, Herta 편: *Jenseits der Geschlechtermoral*, a.a.O., 135~172면.

황에 어쩌면 더 잘 접근할 수 있고 인격적인 책임에 대해서 적합한 결단을 내리게 된다. 그들은 자체적으로 배려에 관해 정의내리고 도덕적인 문제들을 배려하는 입장에서 다룬다. 배려에 기초하고 있는 도덕적인 결단과정은 그래서 추상적이지 않고 구체적인 것이어야 한다. 배려에 기초하고 있는 윤리학은 나의 견해로는 그 특성에 있어서 본래 여성적이다. 하지만 남성들이 그것을 공유할 수 없다는 의미에서 여성적이라고 하는 것이 아니다.[99]

구체적이며 개별적인 그때 그때의 상황을 고려하는 '윤리적 자아'에 대한 내면적인 열망으로부터 행위하는 사람은 규범에 이끌리거나 원칙적으로 행위한다. 하지만 배려의 관점에서 행위하는 사람에게서 이러한 경향은 비교적 적다.

여성성을 가부장적으로
기획하려는 배려원칙의
비판

노딩스의 입장에 반대해서 여러 가지 비판들이 나오게 되었다. 사라 루시아 호글랜드(Sarah Lucia Hoagland)[100]가 지적하는 것은 윤리적 행위를 남성적으로 설명하고 있는 주체가 "단절되어 있고, 이기적이며, 대립적인 사고로 각인되어 적대적"이라는 것이다. 반면에 이타주의는 오래 전부터 여성의 미덕으로 여겨져 왔다. 이런 식으로 결국 노딩스는 고대의 사유유형과 역할 고정관념을 증명한다. 그렇기 때문에 호글랜드는 "여성적 행위의 본보기로서 모성적인 것을 다루고 있을 뿐 아니라, 남성적인 이기적 행동

---

99) 같은 곳, 142~144면.
100) Hoagland, Sarah Lucia: Einige Gedanken über das Sorgen. *Jenseits der Geschlechtermoral*, a.a.O., 173~194면.

유형에 대해서도 관심을 갖는다." —그것은 두 가지 모두, 그것으로부터 전환될 수 있는 지점이 하나이며 동일한 남성중심주의적 이데올로기라고 보기 때문이다.[101] 그녀는 벨 훅(Bell Hook)이 묘사하고 있는 흑인 유모의 모습을 통해 '배려'가 여성성을 가부장적으로 기획하고 있다는 것을 지적하려고 한다. 흑인 유모는 식민지의 백인 영주에 의해 고안된 흑인 모성의 성적·인종적인 이념이 구체적으로 표현되고 있는 것이다. 그 속에서 정의되고 있는 여성의 전형은 배려하면서 남성의 뜻을 철저하게 따르며 자신이 돌보는 백인 아이를 위해 희생적인 사랑을 보여 주지만 그 사랑에 대해서는 아무런 대가도 바라지 않는다. 이런 식으로 배려하는 자의 행위가 성공적으로 고찰되고 있는 것은 "노예를 소유하고 있는 자의 아들이 스스로 그 노예를 부리는 자로 성장하려면 흑인 유모의 배려가 필요하기 때문이다."[102] 호글랜드의 견해에 따르면 "여성적인 것은 남성적인 것과 대립되는 것이 아니다."[103] 가부장 사회에서 배려되는 부분에 대한 조건 없는 희생적이며 헌신적인 사랑에 대한 고정관념은 오히려 "가부장의 가치로부터 생기는 정의롭지 못함을 문제삼는 아마존 사람들의 배려관념을 통해 대체되어져야" 할 것이다.[104]

마릴린 프리드먼(Marilyn Friedman) 역시 노딩스의 생각에 반대하고 있다. 그녀는 호글랜드와 마찬가지로 전통적인

---

101) 같은 곳, 174면.
102) 같은 곳, 187면.
103) 같은 곳, 184면.
104) 같은 곳, 190면.

관념의 배려의 도덕을 극복하려고 한다. 그녀는 그러한 도덕으로부터 남성중심주의적인 도덕의 전형적인 주장을 끄집어 낸다. 프리드먼은 정의와 배려는 원칙적으로 서로 배타적인 것이 아니라고 한다. 두 가지 관점은 서로 타협이 가능한 것이다. 배려를 정의의 관점을 배제시키고 '여성의 덕'과 연관지으려 할 때, 베푼 것대로 돌려받지도 못하고, 사랑과 배려로서 남성들에게 봉사하도록 길들여진 여성들을 착취할 수 있다. "여성들의 봉사는 개인적인 것(배고픔처럼 일상적인 삶의 영위를 위해 반복적으로 육체가 요구하고 있는 것을 만족시키는 것), 성적인 것, 재생산과 관련된 것 그리고 자기자신에 대한 것 모두를 포함하고 있다."[105] 여성들을 이런 식으로 부당하게 착취하고 있는 것에 대해 프리드먼은 두 가지 관점에서의 수정이 필요하다고 말한다. 한 가지는 여성들에게도 마찬가지로 정의의 관점을 인정할 수 있어야 한다는 것이다. 여성들이 책임을 다하고 있는 다양한 범주 속에서 이러한 사실은 확인되고 있다. 하나의 예를 들면, 여성들이 어머니로서 자신의 아이와 책임의 관계를 맺고 있는데, 여기서 정의의 관점이 없으면 그 책임을 감당할 수 없게 된다. 또 한 가지는 추상적인 합리성의 가치를 지니고 있는 모든 인간에게 보편적인 권리를 존중하고 있는데, 이와 더불어 개별적으로 나타나는 가치, 능력, 욕구 및 개성으로 나타나는 권리도 존중할 수 있어야 한다는 것이다. 이를 위해 남성들은 자신들의 정의원칙에서 이해하고 있는 배려사상을 비판적으로 볼 수 있어야 한다. 참된 의미의 배려는 가부장적인 의도를 배제한 정당한

---

105) Friedman, Marilyn: A.a.O., 251면.

처방이 포함되어 있어야 한다. 결론적으로 프리드먼이 제시하려는 것은 두 가지로 정형화된 도덕의 이분법을 성의 탈도덕화를 통해 극복해 보자는 것이다.

> 우리는 '배려를 넘어서서' 하나의 입장에 도달하려고 한다. 배려를 넘어선다는 것은 또한 정의의 요구를 벗어나는 것이기도 하다. 그러나 무엇보다도 여성과 남성을 분명하게 규정지으면서 서로 다른 도덕적인 역할을 제시하고 있는 성의 고정관념을 극복하는 것이다. 우리는 궁극적으로 성별 역할에 의존하지 않는, 그리고 이분법적으로 나타나지 않는 도덕의 외연을 만드는 것을 목표로 삼는다. 그것은 도덕적인 사유를 종합적으로 드러내기 위해서이다. 우리의 이러한 기획은 역설적으로 '성의 탈도덕화'로 표현할 수 있다.[106]

법학자 안드레아 마이호퍼(Andrea Maihofer)는 캐럴 길리건의 논의에서 나타난 차별원칙을 강조하고 있다. 그녀는 '애매함의 관용'을 옹호하며 "남성중심주의적인 사유로 나타나는 통일적이며 오직 하나인 도덕이 가능하다는 논리적으로만 그럴 듯한 증명에 의한 설명"을 거절한다. 동일성의 지형에 익숙해지면 "이론적인 강요가 생기게 된다. 즉, 다수성과 차이를 궁극적으로 통일성과 동일성 안에서 제거하라고 요구한다. 이중성 또한 통일성을 거쳐 사유될 수 있어야 한다는 것이다."[107]

---

106) 같은 곳, 255면.
107) Maihofer, A.: Ansätze zur Kritik des moralischen Universalismus. Zur moraltheoretischen Diskussion um Gilligans Thesen einer "weiblichen" Moralauffassung. *Feministische Studien* 6 (1988), 32~52면, 48면 인용.

평등 개념은 차이를
없앤다.

마이호퍼는 길리건과 마찬가지로 평등 개념을 함축하는
전통적인 정의 원칙에 대해서 논의하고 있다. 그녀는 평등
개념이 '긍정적이고 계급화하지 않는' 여성적인 '차이'를
인정하고자 하는 일을 방해하고 있다고 말한다.[108]

인권이 모든 인간을 자유롭고 평등한 인간으로 인정하라
고 요구하고는 있지만, 여기서 여성은 제외된다. 그들이
여성이기 때문에 동등한 인간으로 평가되고 있지 못한 것
이다. 성적인 구별 때문에 인간적인 결함이 나타나고, 인
간적인 차이 때문에 사회적이며 법적인 불평등이 생겨
난다.[109]

여성의 차별이 생기게 되는 원인은 여성의 해부학적인 차이가
불평등을 인정하는 근거로서 파악되었기 때문이다. 남성적인
'규범을 척도로 하여' 재면 여성은 지성과 도덕성에서 남성들에
비해 뒤쳐지게 된다. 여성들이 자신들의 평등권을 위해 투쟁하
려고 한다면, 자신들이 그들과 본질적으로 다르다고 생각할 수
있거나 다르다는 것이 본질적인 것과는 상관없는 것이라고 주장
할 수 있어야 한다. 지금까지 유지되고 있는 관점에 따르면 (차
이란 없으며) 인간 존재는 오직 하나로 생각되고 있기 때문이
다.[110]

안드레아 마이호퍼는 독일연방공화국 헌법 제3조에 대

---

108) Maihofer, Andrea: Gleichheit nur für Gleiche? Gerhard, U. 외 편,
Differenz und Gleichheit, Frankfurt a. M. 1990, 351~365면, 352면
인용.
109) 같은 곳, 354면.
110) 같은 곳, 356면.

130

한 일반적인 해석에 대해서 비판적으로 논의하고 있다. 그 헌법조항에서는 인간이 개인적으로 서로 다르다는 것은 인권적 차원에서 볼 때 이차적인 것으로 다루어진다. 그녀가 특별히 문제로 삼고 있는 것은 모두가 평등하다고 하는 원칙이 본질적으로 동일한 것들을 불공평하게 대우하는 것을 금지하고 있는 것이지, 더 나아가 본질적으로 동일하지 않은 존재에 대해서는 불공평하게 다루어질 수밖에 없게 한다는 점이다.[111] 이 점은 결국 법적으로도 불공평한 취급이 이루어질 수 있다는 것을 보여 준다. 그리고 인간이 본질의 차이에 따라 불공평한 취급을 당할 수 있다고 인정하게 되면 법적인 불평등이 나타날 수 있다는 것을 말한다. 여기서 나타나는 불평등으로부터 우리가 깨닫게 되는 것은 평등에 대한 척도를 비교하는 차원에서 보고 있는 것으로부터 사유의 전환이 이루어져야 한다는 점이다. 마이호퍼가 법철학적인 전통에 관하여 설명하고 있듯이, 현대의 평등 개념은 '분배적 정의와 평등적 정의의 조화로서'로 생겨난 것이다.[112] 하지만 그것의 조화는 비교에 있어서 균형적이지 못한 남성적 논리를 척도로 하고 있다. 그래서 평등 개념은 '중립적으로' 규범의 관점을 표현하고 있다고 할 수 없고, 보다 우월한 위치에 있는 "남성적인 삶의 방식의 가부장적인 권력구도에 따른 보편화"[113]가 나타나고 있는 것으로 보아야 한다. 남성적인 삶의 방식은 여성의 평등함을 판단하는 근거가 되기 때문에, 여성은 처음부터 남성보다 지위가 낮을 수밖에 없다. "여성의 권리가

동일하지 않다고
불공평하게
다루는가?

---

111) 같은 곳, 357면.
112) 같은 곳, 358면.
113) 같은 곳, 359면.

평등한 것인지 볼 수 있는 척도는 남성, 남성의 능력, 남성의 지식, 가정관, 직업관, 학문관, 정치관 등이다."[114] 달리 말하면 사람은 법 앞에서 모두 평등하지만, 그 평등은 남성의 본질로부터 헤아려질 수 있는 것이다. 남성의 본질은 윤리적으로는 허용될 수 없는 보편화 과정 속에서 인간 존엄의 척도로 규정되고 있다.

인간의 존엄이란?

마이호퍼는 인간의 존엄성과 관련된 두 개념에 대해서, 또한 그 개념들이 제3의 개념 속에서 지양될 수 있는지에 대해서는 언급하고 있지 않다. 특정한 개념을 연결시킨다면 남성의 존엄성은 자비심에서 나타나는데, 여성에게서 존엄성이 나타날 수 있는 것은 무엇인가를 확정해야 하기 때문이다. 마이호퍼는 여성이 다른 존재에게 양도할 수 없는 고유한 가치를 가지고 있음을 알리려 한다. 바로 그러한 가치로부터 진정한 평등을 평가할 수 있게 되는 것이다. 이를 통해 여성의 평등에 관하여 문제는 형식적인 평등에 관한 것이 아니라, 근원적으로 여성 존재에게 나타나는 가치로부터의 평등에 관한 것임을 말하려 한다. 여성이라는 존재 그 자체가 그 존재의 도덕적인 자기이해의 척도를 스스로 가지고 있으며 완성한다는 것을 의미한다. 그리고 더 나아가 그 존재의 동일성에 근거하고 있는 다른 존재와의 차이가 척도가 되어야 한다는 것이다. 마이호퍼는 이러한 것과 관련하여 계급화하지 않고, '성별에 따라 구분짓는 권리'가 필요하다고 한다. 이러한 권리는 여성들이 자주적인 권리의 주체로서 자신의 권리를 지각할 수 있도

---

114) 같은 곳.

록 해 준다. 주권적이며 제국주의적이며, 일원론적인 보편
주의가 아닌, '성별에 입각한 (더 이상 성 중립적이지 않은)
보편화 형식' [115]을 고려하는 다원적 보편주의가 등장해야
한다. 다원적 보편주의는 여성들을 고유한 방식으로 전해
져 오고 있는 규범을 함께 제공하는 존재로서 재인식할 수
있는 결합방식이다.

---

115) 같은 곳, 365면.

CHAPTER 7

회고와 전망

마릴린 프리드먼은 페미니즘 윤리학이 앞으로 나아가야 할 바에 대해서 이미 하나의 방법을 제안한 것이다. 그녀는 성이 하나의 도덕을 규정하는 틀이 되어서는 안 된다고 말한다. 이것은 의사소통의 형식을 위해 도덕을 개입시키지 않겠다는 것이 아니라, 새로운 도덕을 위해서 제안된 것이다. 새로운 도덕은 남성의 사유와 행위습관뿐 아니라, 여성의 것도 보편적인 규칙으로 승화시키려 하지 않는 것이다. 그러므로 남성과 여성의 사유와 행위습관은 그 자체로서 인정되어야 하며 서로 대화할 수 있고 실천적으로 완성될 수 있는 인간규범의 본보기를 마련해야 한다.

성별을 초월한, 남성중심적이지 않은 후기 페미니즘 윤리학을 정립하려면 우선적으로 성별에 입각한 덕의 윤리학이 도입되어야 할 것이다. 이것은 결국 인간이 상호작용을 함으로써 총체적으로 발전할 수 있도록 하기 위한 것이다. 그래야만 어느 한편이 다른 한편에 귀속됨으로써 이루어지는 통일을 지원하고 있는 제국주의적인 수직 모델이 사라지게 된다. 통일은 관계를 통해 수평적으로 지원하는 것 안에서 추구되어야 한다. 다시 말해 서로 다르지만 가치에 있어서는 우열이 없다는 것이 우선적으로 인식되어야 한다. 이것은 상황에 따라서 '타자'로 등장하고 있는 것을 그 자체로 존중하는 태도에서 나온다. 이러한 기본적인 상황이 마련되어야만 여성은 자신의 정체성과 '여성의' 덕의 원칙들을 발전시킬 수 있다. 여성은 실제로 이제까지 자신의 경험으로부터 스스로를 발견할 수 없었고, '여성의' 덕은 '남성의' 덕의 원칙에 예속되어 도덕적인 수준이 낮은 인간계층의 삶의 양식으로 평가절하되어 왔었다. 그런데 여성들에 의해 고취되고 생겨날 규범과 가치관들이 얼마만큼 새롭게 형성될 수 있겠는가 그리고 그것이 성별을 초월하고 있다고 생각될 만큼 남성중심주의적인 규칙에서 자유로울 수 있겠는가 하는 의혹이 여전히 따라 나온다. 그러나 젠더 의식을 갖는다면 그러한 의혹에서 충분히 자유로울 수 있다고 믿는다. 그것은 남성의 덕과 여성적 덕을 초월해 있는 성별에 입각한 보편 인간적 윤리학을 정립했을 때에 할 수 있는 말이다. 서로 다르지만 상하로 나누어지지 않는 규범체계를 갖는다는 것은 의미 있는 일이 아닌가? 꼭 그 점이 아니더라도 젠더 의식은 비판적인 의식이기 때문에 윤리학의 새로운 정립을 위해서는 절대적으로 요청되고 있는 것이다. 그것은 성별에 입각한 사유와 행위로 드러나고 있는 것이 도무지 납득할 수 없는 방식으로 보편화되고 절대화되는 일을 막을 수 있기 때문이다.

7.1 고대 철학에서 나타나는 긍정적인 여성상

긍정적인 여성상을 드러낼 수 있는 방법은 무엇일까? 여성적이라고 제시되는 규칙과 덕의 명령을 남성중심주의적으로 설명하지 않고 이해할 수 있는 방법은 없을까? 이를 위해서는 한편으로는 철학사에서 긍정적으로 드러나고 있는 여성상을 수용하는 방법이 있을 것이고, 다른 한편으로는 전통 형이상학의 논리중심주의를 비판하면서 등장한 그들의 비본질적인 동기들로 돌아가는 방법도 있을 것이다.

7.1.1 파르메니데스의 디케(Dike)

고대의 중요한 단편들 중에서 우리에게 알려진 기록들 중 가장 오래된 것을 찾으려면 기원전 515년경의 시간으로 거슬러 올라가야 한다. 엘레아 학파의 파르메니데스(Parme-nides)는 "자연에 관하여(Peri physeos)" [116]라는 제목으로 시를 썼다. 이것에 우리가 관심을 갖는 이유는 최초의 철학적 사유에 대한 방법론적인 반성이 여기서 이루어졌기 때문이다. 그 시는 인간이 하늘에 이를 수 있는 길을 묘사하고 있는 서곡으로 시작된다. 젊은 연금술사가 죽자 태양신의 딸들이 그를 데리고 저승으로 가서 진리를 가르쳐 줄 여신에게로 간다는 내용이다. 그들은 낮과 밤을 꼬박 가야만 하는 길을 걸어서 어느 문 앞에 도달하게 된다. 그 문 앞에는 디케라고 하는 정의의 여신이 문 열쇠를 가지고 서 있다.

이러한 신화적이면서도 형이상학적인 묘사는 이렇게 해석될 수 있다. 젊지만 많은 것을 경험한 사람은 자신이 알고 있는 것들을 초월할 수 있도록 절대적인 진리를 인식하는 것에 관심을 쏟아야 한다. 그의 사유는 메타의 영역으로 옮겨 간다. 그 곳에서 그는 진리의 조건을 재구성하려는 것이다. 그가 도달한 문은 낮과 밤이 있는 곳과 영원한 빛이 있는 곳을 연결하기 위해 세워진 것이다. 그 문 앞에서 변화하며 시간에 매여 있는 것과 역사적인 것과는 상관없는 개념적인 타당조건들이 서로 대결을 벌이게 된다. 사람들은 어쩌면 디케와 관련하여 이렇게도 말할 수 있을 것

---

116) Parmenides: Über die Natur. Mansfeld, J. 편: *Die Vorsokratiker*, Stuttgart 1987; Proömium, 313 이하.

이다. 여신이 문을 열기 위해 요구하는 암호는 나중에 칸트가 'quaestio quid iuris'로 나타냈던 물음과 같을지도 모른다고. 다시 말하면 어떤 것을 사실적인 진리라고 주장할 수 있는 타당한 근거와 허용될 수 있는 근거가 무엇이냐? 이다. 이런 물음은 경험적인 지식의 영역에서는 전혀 발견되지 않는 모든 지식의 궁극적인 조건과 관련된 것이다.

여신은 앎을 추구하는 젊은 지식인에게 단순하게 세계를 형성하고 있는 존재의 모습이 담긴 진리를 전한 것이 아니라, 세계에 대한 참된 진술과 거짓 진술을 구분할 수 있는 진리의 기준을 알게 하려고 한다. 파르메니데스가 여신을 통해 배운 가르침은 진리에 입각하여 판단하려는 자는 어떠한 대립, 변화, 발생, 소멸이 더 이상 존재하지 않고 규칙이 될 수 있는 척도, 즉 논리의 동일함만이 존재할 뿐이라는 것을 인정해야 한다는 것이다. 대립이 진리라고 말하는 것은 고찰이 잘못되었거나 관찰방식이 오류투성이임을 증명한다고 믿었다.

7.1.2 소크라테스의 디오티마(Diotima)

두 번째로 플라톤은 《심포지온(Symposion)》[117]이라는 대화편에서 소크라테스를 등장시킨다. 파르메니데스의 교훈시에 나오는 연금술사와 마찬가지로 진리에 이르는 길을 추구하는 자이다. 그와 다른 점이 있다면 소크라테스는 진리를 알려고 하는 대신에 아름다움을 추구했다는 것이다. 그도 마찬가지로 경험의 영역에서 감각으로 파악할 수 있

---

117) Platon: *Symposion*, 198a~212c 참조.

는 대상들과 인간의 육체를 만났었고, 그들이 아름답다고 판단할 수 있는 경험을 가지고 있었다. 그러나 그는 자신의 힘으로 미적 판단의 규정근거가 될 수 있는 아름다움 그 자체에 대해서는 알 수가 없었다.

아름다움의 이데아 에 이르는 길을 일러 주는 디오티마

디오티마는 현명한 예언자이며 점성술가다. 그녀는 아름다움을 에로스라고 부르는 인간의 추진력과 같은 것이라고 규정한다. 소크라테스는 이것을 아름다움에 관한 지식의 원천으로 인식하게 된다. 그러나 에로스는 변화하는 형태의 아름다움을 좋아하지 않는다. 그것은 어떠한 추락에도 버틸 수 있는 것과 영원히 사라지지 않는 것을 열망하는 것이다. 디오티마는 이것을 관념적인 것이 거주하는 정신적이며 영적인 차원에서만 찾을 수 있다고 한다. 관념적인 것은 그러나 경험적인 실존을 갖지 않는다. 그것은 타당성이 있기는 하지만, 시간에 의존하지 않는 것이다. 아름다움의 이데아는 아름답다고 말할 수 있는 것과 그 자체만으로 사랑할 수 있는 것을 만들어 내고 그 정당성을 부여하는 것이다. 아름다움의 이데아에서 나타나는 그 열정적인 흡인력은 영혼의 창조를 도와서 스스로 완전함과 아름다움에 이룰 수 있도록 해 준다. 디오티마도 아름다운 것에 관한 지식을 일러 준 것이 아니라, 아름다움 그 자체를 판단할 수 있는 기준을 가르치고 있다.

디케와 디오티마는 원리를 인식하는 법을 가르치고 있다.

초기 형이상학에서 기획하고 있는 것으로 자기이해라는 내용이 눈에 뜨인다. 파르메니데스와 소크라테스가 진리와 아름다움에 대한 절대적인 의미를 요구했을 때, 그것을 보증해 줄 수 있었던 것은 여성이었다. 물론 그들은 스스로 지식의 원천이라고 믿고 있는 남성신과 예언자들을 알고 있었을 것이다. 그럼에도 불구하고 그들은 실제로 진리와 아름다움에 이를 수 있는 방법을 정신적으로 탁월한 디케와 디오티마에게 구하고 있는 것이다. 그러면서도 그들은 존재와 그 근거에 관한 것을 의지적으로 남성적인 원천으로 돌리고 있다. 근대 철학에서는 지식의 궁극적인 원천을 밝히기 위해서 자율적인 이성 활동이나 의식의 자기정립에 의존하고 있는 반면에, 고대 형이상학자들은 신화에서 논리로 넘어가는 문턱에서 추상적이며 경험을 초월하는 원칙의 영역에서 정당화될 수 있는 보다 높은 권위를 요구하고 있다. 디케와 디오티마는 그것을 위한 매개자였다. 그들은 완성된 지식을 전달하지는 않았지만, 경험적인 지식과 경험을 초월하는 것을 구분하고 또 다시 연관지을 수 있는 능력을 일깨우는 존재였다. 다양성과 변화 그리고 개별성으로 나타나는 경험적인 세계와 불변하고 보편적인 원칙이 지배하는 영역은 서로 다르지만 본질적으로 하나이기에 통일시키려는 노력을 하고 있는 것이다.

젊은 철학자들이 배우는 것은 판단력을 사용하는 방법이라고 말할 수도 있을 것이다. 판단력을 갖춘 사람은 개별적인 것과 보편적인 것이 서로 연관되어 있음을 이해할 수 있다. 다시 말하면 주어져 있는 각각의 경우들 속에서 개념이나 원칙을 읽어 낼 수 있고, 반대로 보편적인 개념을 개별적인 경우에 적용하기도 한다. 여기서 기억해야 할 것은 그러한 판단력을 갖출 수 있도록 해 준 것이 여성들이라는 점이다. 판단력이란 우리의 인식능력들 중 하나이다. 그것은 감각적인 지각에서 올 수도 있고 오성이나 이성에

그리고 판단력을
길러 주었다.

141

의해서 깃들기도 한다. 그러나 그것은 일방적으로 의식을 구성하거나 절대화시키는 것을 막을 수 있는 능력이다. 판단력은 감각적으로 마음에 다가온 것, 인간의 오성으로 도구화한 것, 실천적인 것을 이론적으로 명령하고 있는 것을 막아 주는 힘이다.

7.2 여성을 물질이라고 부정적으로 규정하는 것

파르메니데스와 소크라테스가 세상에서 만난 여성들 중에서 실제로 판단력을 가지고 있는 사람은 없었다. 그들은 판단력을 갖춘 여성을 여신이나 예언자(여자), 아니면 역사를 초월한 존재에서 찾았다. 그 여성들은 논리적 통역사로 존재했다. 다시 말하면 그들은 물질적이지 않고 육체적으로 승화되어 있었기 때문에 모든 물질적인 것으로부터 비물질적인 것과 이념적인 것을 통찰할 수 있었다.

형이상학자들은 남성과 여성을 완전히 다른 서열을 가지고 있는 것으로 이해하고 있다. 그들은 남성과 여성은 완전히 다르다고 하며 여성을 아주 다른 태도로 대하고 있다. 그 이유는 여러 가지가 있겠으나 결정적인 것은 플라톤의 형이상학에서 드러나고 있는 것으로 보인다. 플라톤은 경험적인 세계와 원리 및 이념의 영역을 대립시키면서 후자가 전자에 비해 우월하다는 생각을 했다. 그는 우주의 생성과 소멸의 원칙을 이해하면서도 물질은 변화하기 때문에 소홀히 여겨도 된다고 본다. 인간의 육체도 마찬가지이다. 인간에게서 육체적이며 감각적인 욕구는 억제되어야 한다. 그리고 금욕은 육체적인 삶을 죽이는 연습이다. 이 것은 이성의 힘이 요구되는 것으로 남성에게는 수월한 것 이지만,[118] 여성이 이것을 감당해 낼 수 있을지 매우 의심 스럽다고 생각한다. 여성은 태어날 때부터 남성에 비해 감 각적인 것에 더 많이 의존하고 있었기 때문이라는 것이다. 여성은 물질적인 것에 사로잡혀 있기 때문에 이론과 실천 을 위해 오성과 이성에 집중하는 일을 하기가 매우 어렵다 는 것이다.

남성과 여성을 나누고 여성을 이렇게 평가하는 것은 기 독교 형이상학의 원죄설을 통해 확실히 굳어진다. 이브는 뱀의 꼬임에 빠져 지혜로워진다는 선악과를 먹음으로써 육체적이고 감각적인 쾌락을 신의 명령보다 우선적으로 생각한 최초의 여성인간이다. 그녀의 행위는 이렇게 신의 울타리를 벗어나게 된다. 죄의 신화와 함께 기독교에서 육 체를 혐오하는 입장은 결국 여성과 물질은 같은 것이라고 선언하도록 만든다. 물질이란 단순하고 형식이 없는 질료 이며 불완전하고 천박하고 더럽고 의존적이고 불필요한 짐과 같은 것이다. 물질을 표현하고 있는 술어들은 그것이 가지고 있는 감각적인 성격 때문에 여성들에게도 적용된 다.[119] 그런데 물질은 형성되었을 때만 가치를 갖는다. 마

구약성서에 나타나는 여성과 속죄양으로서의 여성

118) Platon: *Phaidon*, 64a~69e 참조.
119) "[…][고대 철학자들]이 물질과 여성, 이 두 가지를 동일하다고 생각 하게 된 것에는 중요한 이유가 있지 않을 수 없다." 그 "형식이 잘 못된 것은 아니다. 형식은 오류를 범하지 않는다. 잘못된 것의 진정 한 원인은 형식을 물질과 관련시켜 이해하려는 것에 있다." "[…] 여성들이 기거하는 곳은 물질에 불과한 것이다." Bruno, Giordano: Die Vertreibung der triumphierenden Bestie. 전집 제II권, Jena 1904, 212면 이하.

찬가지로 여성도 인간으로서 인정을 받으려면 오성을 통해 형성되어야 한다. 그러나 정신적인 활동을 가능하게 하고 또 그에 맞은 형식을 부여할 수 있는 오성의 능력을 갖춘 유일한 생명체는 남성이라고 말한다. 인간관계에서 성별 역할분담은 이렇게 형이상학적인 토대를 갖게 되는 것이다. 인간관계는 남성들이 주도하는 것으로 되었다. 남성들에게는 감각적인 욕구가 생겨날 수 없다. 만약 남성이 그러한 욕구를 갖게 되었다면 그것은 전적으로 여성의 책임이다. 여성은 남성들이 충동을 억제할 수 없었을 때 그에 대한 책임을 지고 속죄양으로서 고통을 감수해야만 했다.

7.3 이성중심주의의 탄생

디케와 디오티마는 판단력을 대변한다. 이것은 더 나아가 판단력이 여성의 능력으로 여겨지고 있다는 말이다. 그럼에도 불구하고 이러한 능력은 제대로 평가받지 못했다. 왜 그럴까? 인식에 있어서 남성들의 관심은 무엇보다 보편적인 것으로부터 보편적인 것을 인정하고 있는 것에 있는 반면에, 여성들은 특별한 것으로부터 보편적인 것에 관심을 갖기 때문이다. 남성의 합리성은 오성과 이성에 향해 있었지만, 여성의 것은 이론적이며 실천적인 판단력에 있었던 것이다.

이러한 양분법이 어떻게 생겨났을까? 우리는 다시 신화에서 이성으로 전환되는 시점으로 돌아가 볼 필요가 있다. 다시 말해 소위 이성중심주의로 전환되는 그 지점으로 되돌아가 보자는 것이다. 경험적인 현상들도 다양하지만 순수한 것이다. 그런데 이성을 통해 경험적인 현상들을 모두 포괄하는 통일적이며 보편적인 원리로 되돌아갈 수 있다는 사실을 발견함으로써 이성이 우월하다는 의식을 갖게 된다. 개념, 원리, 원칙의 형태를 갖는 보편자와 이러한 보편자를 만들어 내는 오성과 이성이라는 인식능력이 지식의 영역에서 최고로 여겨지면서 절대적인 것으로 생각된 것이다. 이로부터 보편자 인식은 당연히 유일하게 추구되어야 할 것이라는 의식으로 굳어진다. 그에 따라 점차적으로 감각과 감각적으로 파악된 특별한 것, 개별적인 것, 일회적인 것은 가치를 잃는다. 물질에 대한 추상은 이제 일고의 가치도 없이 무시할 수 있는 것이라고 믿게 되었다. 물질은 이성의 타자가 되어 버린다. 물질에 가까운 것, 정신적인 것과 거리가 멀다고 생각되는 것은 모두 진리의 영역에서 배제된다. 물리적인 우주와 정신적인 우주가 나누어진다. 여성은 이에 따라 특별한 인간 존재로 규정된다. 즉, 여성은 인간이지만 정신이 없고 감성과 정열로 가득 찬 비합리적인 본성을 가지고 있는 존재가 된다.

여성들에게는 정신이 결여되어 있기 때문에 이성적인 본성을 갖추어야 가능한 교육과 학문영역에 들어가는 것이 거절되었다. 여성들이 할 일은 본성에 맞게 보편적이지 않은 특별한 것을 돌보는 것이었다. 그렇기 때문에 여성들은 보편적인 것을 이해하는 사람들을 필요로 한다. 그들은 다름 아닌 남성들이다. 이론적인 영역에서 뿐 아니라 도덕적인 영역에서도 남성들의 도움을 받아야 했다.[120] 여성들은

120) 루소와 헤겔이 본보기로 나타나고 있다. 그들은 보편적인 것이 여

특별한 것을 위해
예정된 여성

145

보수적인 태도를 취할 때 사람들로부터 칭찬을 받는다. 그것은 남성들이 부과한 윤리적인 덕목을 내면화하는 것이다. 그것을 원칙으로 삼고 그대로 본질로서 규정될 수 있기를 권고한다.

판단력은 전통적으로 여성들이 가지고 있는 인식능력으로 제시되고 있다. 개별적인 것과 보편적인 것을 매개할 수 있는 능력은 여성들도 아무런 문제 없이 습득할 수 있는 것이었다. 물론 여성들에게 보편적인 자율이 허락된 것은 아니었다. 이러한 제한은 있지만, 어찌되었든 이것은 매우 유리한 점으로 보인다. 다시 말하면 여성들은 이성의 마력에 빠지지 않으면서도 개별적이고 특별한 것을 눈에서 놓지 않을 수 있었다는 것이다. 여성들이 이성의 주권과 독재로 인해 물질적인 모든 것이 도구화되고 특별한 것이 손상되는 것을 막을 수는 없었다.

오성과 이성만으로 자연의 정당한 요구를 볼 수는 없다. 판단력이 필요하다. 하지만 판단력도 오성과 이성의 자율

성의 소관이 아니라는 것을 강조한다. "여성연구는 실천적인 것과 연관되어 있을 수밖에 없다. 여성의 일이란 남성이 발견한 원칙을 적용하는 것이다." (Rousseau: *Emil*, Paderborn 1978, 420면 이하) — "여성들은 물론 잘 길러질 수 있다. 하지만 고상한 학문이나 철학, 그리고 보편적인 것을 요구하는 예술을 위해서가 아니다. 여성들은 즉흥적인 것, 취미로 할 수 있는 것, 사랑받을 만한 일을 가질 수 있으나 이념적인 것과는 거리를 두고 있다. 남성과 여성의 차이는 동물과 식물 사이에서 볼 수 있는 것이다. 동물은 남성의 속성에 더 가깝고, 식물은 여성의 속성과 거의 일치한다. 여성은 원칙과 멀리 떨어진 감각들이 모여 생겨난 존재이다. 여성들이 정치를 하면 국가는 위험에 빠지게 된다. 그들은 보편적 요구를 따르지 않고, 우연적인 성향과 개별적인 의견들을 따라다니기 때문이다." (Hegel: *Grundlinien der Philosophie des Rechts*, 제166조)

이 필요하다. 그것이 없으면 이념적으로 눈이 멀 수 있고 선입관에 솔깃해질 수 있기 때문이다. 인간의 인식능력이 일방적으로 마련된다고 해도 힘을 발휘하기는 한다. 즉, 이론적인 영역에서 본다면 학문과 기술에 있어서 빛을 발했으며, 실천적인 영역에서도 인간 간의 상호작용을 무시하고 위력을 떨쳐 원칙으로서 정착될 수 있었다. 그러나 그것의 다른 측면이 그와 동시에 드러나고 있다. 다시 말하면 오늘날 우리가 처한 비극적인 상황은 그들의 시야가 가려져서 맹목적으로 과학과 기술의 유용성이라는 이데올로기를 추구한 것의 결과로 나타난 것이다. 그것은 일종의 광기와도 같은 것이었다.

7.4 판단력과 유토피아적 사유

후기 페미니즘 윤리학은 여성과 남성이 모두 공통적으로 가지고 있는 이성적인 능력을 판단력으로 봐야 한다고 주장한다. 판단력을 통해 남성은 특별한 존재에게도 가치가 있다고 생각할 수 있고, 그렇게 인정할 수 있는 것을 배워야 한다. 그리고 보편적인 것에만 관심을 갖도록 해야 한다고 강요해서는 안 된다. 보편적인 관점에서 모든 것을 평가하면서 그 기준에 맞지 않는다고 특별한 것을 억압하는 사유방식은 지양되어야 한다. 여성들은 전통적인 역할 수행에 따라 남성들보다 더 판단력을 가지고 중재하는 행위를 담당했었다. 그러면서도 오성과 이성에 봉사할 수 있는 기회는 절대적으로 적었다. 이에 따라 여성들도 보편적인 자율을 습득할 수 있도록 해야 한다. 그러나 이성중심

보편적인 것을 특별한 것들과의 관계 속에서 반성할 수 있는 판단력

주의의 오류를 반복하지 않도록 해야 한다. 오성과 이성이 특별한 것에 대한 관심을 갖는다는 것은 추론의 논리를 통해 가능한 것이 아니다. 보편적인 것과 특별한 것이 동등한 가치를 갖고서 관계를 맺는 것이다. 보편타당함을 판단력에서 찾을 때, 개인에 대한 차별이 없어질 것이고, 성의 차이가 차별로 이어지지 않을 것이다. 그래야만 참된 인간적인 사유와 인간 존재 모두를 포함하는 진정한 보편성의 이념이 구성될 수 있을 것이다. 보편적인 것은 스스로를 위해 존재하는 것이 아니라, 특별한 것과 관계를 맺기 위해 요구된다는 것을 알아야 할 것이다.

유토피아적 사유를 위한 변론

　남성중심주의에서 벗어나서 후기 페미니즘적인 윤리학으로 가는 길을 이끄는 것은 유토피아적 사유이다. 유토피아적인 사유는 보편적인 것과 특별한 것의 중간적인 사유지평에서 움직이고 있다. 여기서는 인식행위의 목적이 일방적으로 통일을 건설하려는 데에 있지 않다. 그것은 일차원적인 개념의 논리에 향해 있기 때문이다. 오히려 여기서는 이원성의 여지가 허락된다. 유토피아적인 사유의 가능성은 판단력에서만 나타난다. 판단력은 오성이나 이성과 마찬가지로 통일을 지원하는 능력이다. 그러나 이것은 특별히 통일을 지원하는 반성적인 능력으로서의 판단력[121]이다. 여기서는 주종관계에서 나타나는 예속의 개념이 없다. 다시 말하면 특별한 것이 보편적인 것에 예속되는 것이 타당하다는 논리적 추론과정이 나타나지 않는다. 주인은 노

---

121) 규정하는 판단력과 반성하는 판단력 사이의 구별에 관하여. Kant: *Kritik der Urteilskraft*, 서문, 제4장 참조.

예가 요구할 때, 그것이 서열이 높은 자의 요구에 영향을
미치지 않는 범위 내에서 들어 준다. 이런 식으로 다수의
특별한 것에 관한 개념을 다룰 때, 그것이 본질에 속하지
않기 때문에 쓸데없는 것이고 무시해도 된다는 태도를 취
해 왔던 것이다.

오성의 포괄 모델은 경제원칙에 근거하고 있다. 보편적
인 것의 관점에서 보면 불필요하게 많은 것과 개념적 통일
을 위해서 방해되는 것들을 합리적으로 처리해야 한다. 그
래서 이중의 논리에 관한 장에서 논의한 것처럼 과일 개념
에 사과, 배, 앵두 등이 희생되었다. 또 사과 개념에서는 개
개의 사과가 희생되었다. 과일들에 있어서야 그렇게 한다
고 실제로 해가 되는 일은 없을 것이지만, 그것을 인간 개
별존재에게 적용하면 문제가 될 수 있다. 인간 개념에도
'오컴의 면도날' [122]에서처럼 두 개의 날카로운 단면이 존
재한다. 우선 남성과 여성을 보면 서로 다른 개체로 인식
되고 성의 구별이 생긴다. 인간 개념과 구분되는 것들이
다른 측면으로도 있다. 즉, 생물, 존재자 그 자체 그리고
모든 존재자의 원리인 자체로 존재하는 신, 제일실체, 선
의 이데아 등이다. 통일을 위해서라면 최고의, 가장 보편
적인 그리고 포괄적인 개념들을 위해서 개별자가 희생을
하더라도 그것은 아무런 의미를 부여받지 못한다. 개별자
는 그저 오성이 통일을 이룰 수 있도록 가장 먼저 희생되
어 주면 자신의 일을 다 하는 것이다. 통일만 이루어진다

> 남성적인 포괄논리에
> 반대한다.

---

122) '오컴의 면도날'은 다음의 문장에 기록되어 있다. *'Pluralitas non
est ponenda sine necessitate'*. (I Sent. prol., q. 1)

면 다른 일은 아무런 의미가 없어지게 된다. 그리고 그 후에 개별자는 환상에 빠지게 된다. 마치 파우스트가 지식으로 들어가는 문의 열쇠를 가지고서 세계의 모습을 찾으려 하고 가장 내면적인 것과 관계를 맺으려고 열망하듯이, 개별자는 우주의 창조원리에 동참하고 있다는 착각에 빠지게 된다.

학문의 객관성에 대한
신화

학문이라는 것은 그것이 적어도 입법적으로 다루어지는 학문이라도, 우리가 묘사할 수 있는 것 이상의 방법을 찾을 수는 없는 것이다.[123) 그러한 경우가 있다고 주장하려면 철학자들은 포괄논리로서 얻어진 객관적인 인식을 어떻게 설명할 것인지에 대한 비방과 만나게 된다. 결과가 어떻든지 간에 주체의 합리성은 그 진리성과 관계하여 검토할 수 있다는 말이다. 즉, 각 개인의 개별성을 남성 개인을 포괄하는 단계에서 인정하고 있는 것이 아니라, 성을 구분하지 않고 단계가 나누어진 것이라고 인식하는 것이 문제가 될 수 있다는 것이다.

개념들은 자의적으로
생겨났고 권력관계를
나타내고 있다.

우리는 각 단계마다 보다 높다고 하는 것은 그 보다 낮은 것과 단절되어 있는 것을 보았다. 그 단절이 하나의 단계를 또 하나에 의해서 한정시키는 결과를 낳았다고 볼 수 있다. 따라서 단절지점은 전체적인 흐름 속에서 그럴 수밖에 없는 것으로 인식될 수 있다. 그 곳에서 본질적인 것과 다수이기 때문에 무시되고 제외시켜야 될 것이 정해진다.

---

123) 학문에 대한 다른 이해에 관하여. Hansen, Karin / Nowotny, Helga: *Wie männlich ist die Wissenschaft?*, Frankfurt / M. 1990.

이 지점에서 대다수의 철학자들이 잘못을 저지르게 된다. 즉, 그 단절지점에 존재론적인 의미를 적용시키고 있다는 것이다. 그들에게 그러한 단절은 객관적으로 주어진 것으로 선언된다. 그리고 그것은 사태 자체가 말해 주고 있다고 한다. 본질적인 것과 본질적이지 않은 것을 구분하는 유일한 방법은 그것을 충분히 예리하게 바라보는 것이다. 실제로 그 단절이라는 것은 정립이라고 말할 수 있다. 그리고 그 정립 뒤에는 특정한 관심이 은폐되어 있다. 철학자들이 인간에게 보편적인 것이라고 말하는 것은 남성의 관심에 의해 주도되고 있는 것이다. 그들은 학문을 통해 무엇을 의도하고 있는가? 언어가 다수를 제압, 정복, 억압할 수 있는 것이라면 납득하기 힘들 것이다. 그러나 그것은 이미 투쟁에 대한 표현이 되고 있으며, 보편적이지 않고 또 추상적이지 않은 것을 합리성이라는 무력을 가진 남성의지에게 굴복시키고 있다. 그러니 그것은 모순적인 것일 수밖에 없는 것이고 다분히 권력의지를 가지고 있는 것으로 생각하지 않을 수 없는 것이다. 프랜시스 베이컨의 구호는 이러한 사실을 단적으로 나타낸다. "지식을 가져라. 안다는 것이 바로 힘이기 때문이다."[124]

오성이 다수를 구성하고, 정돈하고, 통일시키기 위해 자신의 밀림과 덤불에 놓은 경계는 보편 인간적이라고 제시되고 있지만, 알고 보면 지식을 추구한다고 하면서 은폐시키고 있는 권력의지를 나타내고 있는 것이다. 학문이 보편

---

124) *'Nam et ipsa scientia potestas est.'*, Bacon, Francis: *Meditationes sacrae*, 11절: De haeresibus.

타당한 인식에 도달하려고 하면서 이제까지 포괄적이라고 하는 것에만 머무르고 있다면, 그 단절의 판단근거에 대해서 대답을 회피할 수 없을 것이다. 그 판단근거는 여전히 통일 개념에서 비롯된 것이다. 그 통일 개념은 사태가 담고 있는 논리가 아닌, 그 사태를 문제삼고 있는 인식주체의 관심에서 나오는 것이다.

인류의 유토피아적인 기획은 특별한 것을 다시 평가할 수 있다.

남성적인 관점으로 밀어붙이는 태도를 어떻게 극복할 수 있을 것인가? 그 확고부동한 태도를 벗어 버리고 구체적이고, 특별하며, 개별적인 것에 가하는 완력을 사라지게 할 수 있는 방법은 무엇일까? 보편적인 것의 틀 속에서 행해지는 고문으로부터 사물이 유동적인 시각 속에서 보일 수 있는 자유를 얻을 수 있는 방법은 무엇인가? 나는 이렇게 대답할 수 있다. 그것은 유토피아적인 사유를 통해서 가능하다고. 단어만 가지고 이해한다면 '유토포스(ou topos)'는 '장소가 없음'을 나타내는 것이다. 고전적인 유토피아론자들이 말하는 이상국가는 장소가 없었다. 다시 말해 실존이 드러나는 시간이나 공간을 가지고 있지 않다는 것이다. 그것은 실제로는 있을 수 없거나 아니면 먼 미래에나 있을 수 있다. 유토피아가 단순히 그럴 듯한 환상으로 그려진 것이거나 인간집단 내에서 상호작용이 이루어지는 가운데 경험적으로 생겨난 하나의 모델을 무조건적으로 구체화시켜야겠다고 하는 실천이성의 산물이라면, 그것이 가지고 있는 비인간적인 관련성 때문에 비판될 수 있다. 유토피아는 실천이성에서 나오는 순수한 사유의 시도이기 때문에 대개는 희망적 사유를 통해 미래에 투사된 것이 경험적인 사실에서 부분적으로 나타나고 있는 것이라고는 하지만,

결국 실현되지 못하는 꿈에 머물거나 가상세계로 빠지게
된다. 그렇게 되는 이유는 유토피아가 경험 조건에서 구성
되지 않고 규범적인 관념의 토대 위에서만 작동하기 때문
이다.

앞에서처럼 상식에 충실한 사람들과 과학자들은 유토피
아적인 것을 매우 낮게 평가하고 있지만, 나는 유토피아적
인 사유를 옹호하고 싶다. 왜냐하면 유토피아적 사유가 주
종관계를 넘어서 성별을 초월하여 이원적인 사유를 가능
하게 하기 때문이다. 즉, 다른 관점에서의 통일을 할 수 있
도록 한다는 것이다. 자신과 대립되는 상대방을 제외시킴
으로써 통일을 이루는 것이 아니라, 서로의 가치를 인정하
는 가운데 양자가 동등한 입장에서 통일에 도달하는 것이
다.[125] 이전에 유토피아를 강조했던 사람들은 이원적인 사

> 유토피아적 사유는
> 이원적이다.

---

125)   이와 더불어 성역할의 전환을 선전하고 계급과 억압으로부터 해
      방된 다소 공상과학적인 미래를 기획하고 있는 일련의 페미니스트
      유토피아에 대해 언급하고 있는 문헌들이 있다. LeGuin, Ursula K.
      외: *Winterplanet,* München 1974; Zimmer-Bradley, Marion: *Die
      Matriarchen von Isis,* Bergisch Gladbach 1979; Russ, Joanna: *Planet
      der Frauen,* München 1979; Wittig, Monique: *Die Verschwörung der
      Balkis,* München 1980; Sargent, Pamela: *The Shore of Women,*
      Toronto / New York 1987.
         다가올 페미니즘 시대를 그리고 있는 문헌은 다음과 같다.
      Miller-Gaerhart, Sally: Künftige Visionen und die Politik von heute.
      Feministische Utopien im Überblick. Hoffmann-Baruch, Elaine/
      Rohrlich, Ruby 편: *Weder Arkadien noch Metropolis.* Frauen auf der
      Suche nach ihrer Utopie, München 1986; Holland-Cunz, Barbara 편:
      *Feministische Utopien−Aufbruch in die postpatriarchale
      Gesellschaft,* Meitlingen 1987; Klinger, Cornelia: Die Frau von
      morgen−aus der Sicht von gestern und heute. Sloterdijk, P. 편: *Vor
      der Jahrtausendwende.* Berichte zur Lage der Zukunft, Frankfurt a.
      M. 1990; 제2권, 365~418면.

유에 의해서 이상적인 인간사회를 기획했다고 볼 수 없다. 그들은 그 반대였다. 모루스, 베이컨, 캄파넬라와 같은 사람들에게서 이성중심주의를 극복하고자 하는 노력은 보이지 않는다. 오히려 그것을 전파하려고 했음이 드러난다. 그들은 이성중심주의를 이론이성에서 실천이성으로 옮겨 놓았다. 그들은 실천적으로 보편적인 것(선의 이데아, 도덕원칙, 도덕성의 원리)이 실천적으로 특별한 것(개인적인 관심과 욕구)보다 우월하다고 단정하였다.

그들은 윤리적 체계 내에서 추상한 것을 사회적인 체계로 재생산하는 가운데 보편적인 것을 요구하고 있다. 이러한 요구는 무조건적으로 받아들여져야 한다고 주장한다. 그래서 평등이나 사회적 정의의 원칙과 같은 것들을 개인의 소유욕이나 성향을 엄격하게 통제하면서 유지시키려고 했던 것이다. 인간의 차이나 불평등이 강조되고 고착되는 것에 대해서 여지없이 문제를 제기하고 있다. 규범을 약하게 만드는 사람은 강한 처벌을 받아야 한다고 말한다. 이 사회의 구성원은 평생 동안 자신의 소유와 개인적인 행복을 포기해야만 오히려 잃는 것이 없을 것이라는 암시를 받는다. 선의 이데아에 봉사하면 그에 대한 풍부한 대가를 받게 될 것이라고 한다.[126] 헉슬리는 자신이 그리는 아름다운 새 세상, 유토피아에서 관대함이 사라진 평등원칙의 독재를 나타내고 있다. "사람들은 자신이 해야 할 일만 해

---

126) 이와 관련하여 토마스 모루스(Thomas Morus)의 책 《유토피아 (*Utopia*)》, "덕과 행복" 그리고 "쾌락에 대한 가르침"에 관한 장을 참조. Heinisch, K. J. 편: *Der utopische Staat*, Hamburg 1960, 70면 이하.

야 한다. 다른 것을 하면 제재를 받는다. 그 곳에서 사람들
이 다른 일을 하고 싶다는 유혹을 받으면 절대로 안 된다.
이것은 가장 기본적인 전제이다."127) 보편적인 것이 숭배
하는 실천이성의 이름으로 파괴되어서는 안 될 특별한 것
이 엄격한 통제의 그물망 안에 갇히게 되는 것이다. 기본
적으로 개인의 자유를 주장해서는 안 되고 개인의 행복 또
한 포기하고 살아야 한다.

주종관계를 넘어서 있는 유토피아적 사유는 이런 식의
유토피아적 기획과는 다른 성격을 갖는다. 다시 말하면 초
역사적인 실천이성의 기반 위에서 구체적인 이상사회를
그리는 방식으로 나타나는 것이 아니다. 그런 방식으로 포
괄적인 전체구성을 한다는 것은 오늘날 생활세계의 복합
적인 구조에는 맞지 않다. 너무 피상적이고 허구적으로 그
려질 수 있다는 것이다. 그렇게 되면 인간들, 그룹들, 백성
들 그리고 국가들을 구분하는 일이 다시 통일 모델로 빠르
게 흡수될 수 있는 위험이 생긴다.

나는 유토피아적인 사유를 반성적인 것으로서 상황과 관
계하는 것으로 이해하고 있다. 다시 말해 순간순간 주어진
것, 이미 있던 것, 특별한 경우 그리고 스스로 모순적이라
고 체험한 것이 불쾌하게 생각되는 많은 과정들을 문제로

상황과 관계하는
유토피아적 사유

---

127) Huxley A.: *Schöne neue Welt*, Frankfurt a. M. 1978, 206면. 30면도
참조하라: "'그리고 여기', 지도자는 감동을 실어 말했다. '행복과
덕의 비밀이 있다: 네가 해야만 하는 일에 대해서는 기꺼이 하라!
우리의 모든 규범은 이것을 목표로 한다: 파기할 수 없는 사회적 규
정을 사랑할 수 있도록 인간을 가르치라.'"

인식한다는 것이다. 그러한 갈등의 원인은 서로 관심이 다르기 때문이며, 독특한 선입관을 가지고 있거나 이데올로기 의식이나 서로 다른 세계관을 가지고 있는 것에서 찾아질 수 있다.

우선적으로 검토해 보아야 하는 것은 특별한 것을 판단하는 데에 있어서 잣대가 되고 있는 보편적인 것의 이념이다. 그리고 그 보편적인 이념을 백지상태로 만드는 것이다. 이것은 규범적인 구속성의 정당성을 판단할 수 있도록 하기 위해서이다. 그래야만 유토피아적 사유를 위한 판단중지가 이루어질 수 있다.

유토피아적 사유의
회복하고 창조하는
힘

유토피아적인 사유는 보편적인 것이 각인시켜 놓은 것들을 회복하는 힘을 갖고 있다. 거짓된 형식의 파괴를 이루어 내면서 그 흔적이 남지 않게 함으로써 특별한 것을 있는 그대로 볼 수 있도록 하는 것이다. 또한 회복과 함께 창조적인 힘을 발휘할 수 있게 한다. 이 때는 새롭게 갖게 된 시각을 통해 주인의 기능을 실행하려고 하는 대신 동반자의 기능을 가지고서 이제까지와는 전혀 다른 보편적인 것을 기획할 수 있는 창조적인 능력을 갖게 된다. 특별한 것과 보편적인 것과의 관계는 더 이상 예속관계가 아니고, 동등한 동반자관계이다. 동등한 협력관계 속에서 서로를 인정할 수 있게 되는 것이다.

유토피아적인
사유의 목표는
차이를 재평가하는
것이다.

성별 차이의 문제와 관련하여 반성하는 판단력으로서 유토피아적인 방법이 기여할 수 있는 것은 결론적으로 무엇인가? 유토피아적인 사유는 우선 여성과 남성을 다시 획득

할 수 있도록 하는 것을 목표로 삼는다. 이 때 여성과 남성
은 여성 개인과 남성 개인 각각의 근본 직관적인 자기경험
속에서 드러나는 것이다. 이러한 목표에 도달하기 위해서
그저 지배적인, 보편적인 것의 사유를 제거하기만 하면 되
는 것이 아니다. 사람들이 보편적인 것을 무시함으로써 특
별한 것이 그대로 남을 수 있다고 생각한다면 그것은 잘못
된 것이다. 오히려 여성의 자기이해는 남성적인 시각에서
기획된 인간, 여성 개념과 밀접한 연관을 갖고 진행되어야
한다. 다시 말하면 여성적인 것의 근원으로 돌아가는 일은
여성적인 것의 근원을 갈취하여 깊은 의식 속에 새겨 놓은
엄격한 보편화의 통일원칙의 흔적을 내면에서 찾아내고
그것을 점차적으로 해결하려고 함으로써 도달될 수 있다
는 것이다. 본래의 뿌리로 되돌아가려는 것은 모험일 수
있다. 하지만 그 모험 자체는 참된 근원을 재구성하는 꿈
이 실현될 수도 있는 발견 여행으로서 충분히 의미 있는
일이다.

여성적인 것의 근원을 발견할 수 있는 단편들을 유토피
아적으로 찾으려 한다면 그 근원을 새롭게 쓸 수 있어야만
한다. 그러나 이미 일면적인 포괄의 논리로 통일을 추구하
면 할수록 사라진 여성의 형식들이 더 이상 주어지지 않는
다는 것을 알고 있다. 그러한 추론이 가지고 있는 위험을
인식해야 할 것이다. 그렇다고 우리가 보편적인 것의 표상
이 전혀 필요 없다는 것은 아니다. 유토피아적인 사유가
가지고 있는 잠재력으로 우리가 할 수 있는 것은 초역사적
이며 초시간적인 인간 그 자체의 개념을 구성하는 것이 아
니다. 오히려 현재의 상태 혹은 기획이 될 수 있도록 하는

'인간' 의 새 이념을
발전시키는 것

157

것이다. 그것은 여성적인 것과 남성적인 것이 대립되고 있는 것들을 포괄적으로 고려하여 그 대립이 역사적인 것과 무관한 것으로 인식될 수 있도록 한다. 인간에게 유용하지 못한 통일 안에서 대립을 지양하는 일을 하지 않으려고 한다. 그것은 인간 존재의 고유함을 부정하는 일이 될 수 있기 때문이다. 이중의 역사적인 통일은 차이를 유지하면서도 적대적인 대결구도를 피할 수 있다. 서로 다른 것이 인정되고 상대적인 가치평가가 가능해지는 것이다.

유토피아적인 사유를 시작하려면 예리한 오성도 필요하지만, 그보다 더 우리의 생활세계 도처에 작용하는 가부장적인 보편적인 것의 출현을 문제삼을 수 있는 용기가 필요하다. 그리고 남성중심주의적 사유를 제거해 내었을 때 생기는 공백을 새롭게, 인간에게 적합한 개념들로 채울 수 있는 환상이 필요하다.

유토피아적인 사유를
위해서 용기와 환상이
필요하다.

참고문헌

참고문헌

Aristoteles: *Politik*, Hamburg 1981.

Aristoteles: *Metaphysik*, Hamburg 1984.

Augustinus: *Bekenntnisse*, Stuttgart 1993.

Bacon, Francis: *Essays, civil and moral, apophthegmes, meditationes sacrae (Works* 1), London 1825.

Benhabib, Seyla: Urteilskraft und die moralischen Grundlagen der Politik im Werk Hannah Arendts. In: *Zeitschrift für philosophische Forschung* 41 (1987), 521~547.

Benhabib, Seyla: Der verallgemeinerte und der konkrete Andere. Ansätze zu einer feministischen Moraltheorie. In: List, E. / Studev, H. 편: *Denkverhältnisse*. Feminismus und Kritik, Frankfurt a. M. 1989, 454~497.

Benhabib, Seyla: *Kritik, Norm und Utopie*. Die normativen Grundlagen der kritischen Theorie, Frankfurt a. M. 1992.

Benhabib, Seyla 편: *Der Streit um Differenz*. Feminismus und Postmoderne in der Gegenwart, Frankfurt a. M. 1993.

Braun, Christina von: *Nicht ich*. Logik-Lüge-Libido, Frankfurt a. M. 1985.

Bruno, Giordano: *Die Vertreibung der triumphierenden Bestie*. 전집 제2권, Leipzig 1904.

Butler, Judith: *Das Unbehagen der Geschlechter*, Frankfurt a. M. 1991.

Butler, Judith: Kontingente Grundlagen. Der Feminismus und die Frage der 'Postmoderne'. In: Benhabib Seyla 편: *Der Streit um Differenz.*, A .a. O., 31~58.

Cavarero, Adriana: Ansätze zu einer Theorie der Geschlechterdifferenz. In: Diotima, Philosophinnengruppe aus Verona 편: *Der Mensch ist zwei.* Das Denken der Geschlechterdifferenz, Wien 1993, 65~102.

Chodorow N.: *The Reproduction of Mothering.* Psychoanalysis and the Sociology of Gender, Berkeley / Calif. 1978 (독일어로는 *Das Erbe der Mütter.* Psychoanalyse und Soziologie der Mütterlichkeit, München 1985).

Cixous, Helene: Geschlecht oder Kopf?. In: *Aisthesis.* Wahrnehmung heute oder Perspektiven einer anderen Ästhetik, Leipzig 1990, 98~122.

Cornell, Drucilla: Die Zeit des Feminismus neu gedacht. Benhabib, Seyla 편: *Der Streit um Differenz.* Feminismus und Postmoderne in der Gegenwart, A. a. O., 133~144.

Daly, Mary: *Gyn / Ökologie.* Eine Meta-Ethik des radikalen Feminismus, München 1985.

de Beauvoir, Simone: *Das andere Geschlecht.* Sitte und Sexus der Frau, Reinbek 1992.

De Sousa, Ronald: *The Rationality of emotions*, Cambridge, Mass. 1987.

Flax, Jane: *Thinking Fragments.* Psychoanalysis and Postmodernism in the Contemporary West, Berkeley 1990.

Foucault, Michel: *Sexualität und Wahrheit.* 제3권, Frankfurt a. M. 1977~1986; 제2권: *Der Gebrauch der Lüste.*

Friedman, Marilyn: Jenseits von Fürsorglichkeit. Die Ent-Moralisierung der Geschlechter. In: Nagl-Docekal, H. / Pauer-Studer, H. 편: *Jenseits der Geschlechtermoral*. Beiträge zur feministischen Ethik, A. a. O., 241~266.

Gilligan, Carol: *Die andere Stimme*. Lebenskonflikte und Moral der Frau, München 1990.

Gilligan, Carol: Moralische Orientierung und moralische Entwicklung. In: Nunner-Winkler, G 편: *Weibliche Moral*. Die Kontroverse um eine geschlechtsspezifische Ethik, Frankfurt a. M. 1991, 79~100.

Greenspan, Patricia C.: *Emotions and Reasons*. An Inquiry into Emotional Justification, New York / London 1988.

Hansen, Karin / Nowotny, Helga: *Wie männlich ist Wissenschaft?*, Frankfurt a. M. 1990.

Hegel, Georg Wilhelm Friedrich: *Grundlinien der Philisophie des Rechts* (7권), Frankfurt a. M. 1976.

Heller, Agnes: *Theorie der Gefühle*, Hamburg 1980.

Hoagland, Sarah Lucia: Einigen Gedanken über das Sorgen. In: Nagl-Docekal, H. / Pauer-Studer, H. 편: *Jenseits der Geschlechtermoral*, A. a. O., 173~194.

Holland-Cunz, B. 편: *Feministische Utopien*. Aufbruch in die postpatriarchale Gesellschaft, Meitlingen 1987.

Huxley, Aldous.: *Schöne neue Welt*, Frankfurt a. M. 1978.

Irigaray, Luce: *Genealogie der Geschlechter*, Freiburg 1989.

Irigaray, Luce: *Ethik der sexuellen Differenz*, Frankfurt a. M. 1991.

Kant, Immanuel: *Kritik der Urteilskraft*, Hamburg 1959.

Kant, Immanuel: Beobachtungen über das Gefühl des Schönen und Erhabenen. Wilhelm Weischedel이 편집한 전집 제2권, Darmstadt 1960.

Klinger, Cornelia: Die Frau von morgen-aus der Sicht von gestern und heute. In: Sloterdijk, P. 편: *Vor der Jahrtausendwende*.

Berichte zur Lage der Zukunft, Frankfurt a. M. 1990, 제2권, 365~418.

Kohlberg, L.: *The Philosophie of Moral Development*, San Francisco 1981.

Kristeva, Julia: *Geschichten von der Liebe*, Frankfurt a. M. 1989.

Le Guin, Ursula K.: *Winterplanet* (engl.: The Left Hand of Darkness), München 1974.

MacKinnon, Catharine A.: *Feminism Unmodified*. Discourses of Life and Law, Cambridge / Mass. 1987.

Maihofer, Andrea: Ansätze zur Kritik des moralischen Universalismus. Zur moraltheoretischen Diskussion um Gilligans Thesen einer "weiblichen" Moralauffassung. In: *Feministische Studien* 6 (1988), 32~52.

Maihofer, Andrea: Gleichheit nur für Gleiche? In: Gerhard U. 외 편, *Differenz und Gleichheit*, Frankfurt a. M. 1990, 351~365.

Meier-Seethaler, Carora: *Gefühl und Urteilskraft*. Ein Plädoyer für die emotionale Vernunft, München 1997.

Meyer, Ursula / Bennent-Vahle, Heidemarie: *Philosophinnen-Lexikon*, Aachen 1994.

Miller-Gaerhart, Sally: Künftige Visionen und die Politik von heute. Feministische Utopien im Überblick. In: Hoffmann-Baruch, E. / Rohrlich, R. 편: *Weder Arkadien noch Metropolis*. Frauen auf der Suche nach ihrer Utopie, München 1986.

Morus, Thomas: Utopia. In: Heinisch, K. J. 편: *Der Utopische Staat*. Hamburg 1960, 11~110.

Nagl-Docekal, H. / Pauer-Studer, H. 편: *Jenseits der Geschlechtermoral*. Beiträge zur feministischen Ethik, Frankfurt a. M. 1993.

Noddings, Nel: Warum sollten wir uns ums Sorgen sorgen? In: Nagl-Docekal, H. / Pauer-Studer, H. 편: *Jenseits der Geschlech-*

termoral, A. a. O., 135~172.

Nunner-Winkler, G. 편: *Weibliche Moral.* Die Kontroverse um eine geschlechtsspezifische Ethik, Frankfurt a. M. 1991.

Ockham, Wilhelm von: *Scriptum in librum primum sententiarum (Opera theologica* 1), New York 1967.

Parmenides: Über die Natur. In: Mansfred, J. 편: *Die Vorso-kratiker*, Stuttgart 1987.

Platon: *Phaidon* (전집 3권), Hamburg 1961.

Platon: *Politeia* (전집 3권), Hamburg 1961.

Platon: *Symposion* (전집 2권), Hamburg 1961.

Platon: *Theaitetos* (전집 4권), Hamburg 1961.

Plotin: Über die Entstehung und Ordnung der Dinge nach dem Ersten (Enneade V 2). In: *Plotins Schriften*, 제1권, Hamburg 1956, 238~243.

Rousseau, Jean-Jacques: *Émile oder über die Erziehung*, Paderborn 1978.

Rullmann, Marit: *Philosophinnen.* Von der Antike bis zur Aufklärung, Dortmund 1993.

Russ, Johanna: *Planet der Frauen*, München 1979.

Sargent, Pamela: *The Shore of Women*, Toronto / New York 1987.

Scheele, Brigitte: *Emotionen als bedürfnisrelevante Bewertungszustände.* Grundriß einer epistemologischen Emotionstheorie, Tübingen 1990.

Schelling, F.W.J.: *Über das Wesen der menschlichen Freiheit*, Stuttgart 1983.

Schopenhauer, Arthur: *Die Welt als Wille und Vorstellung.* Erster Band (*Sämtliche Werke*, Bd.2), Darmstadt 1968.

Spinoza: *Ethik*, Hamburg 1955.

Spinoza, Baruch de: *Abhandlung vom Staate. —Abhandlung über die Verbesserung des Verstandes*, Hamburg 1977.

165

Ulich, Dieter: *Das Gefühl*. Über die Psychologie der Emotionen, München 1985.

Vigotsky, Lev S.: *Mind in Society*. The Development of Higher Psychological Processes, Cambridge, Mass. 1978 (독일어 번역본 은 *Geschichte der höheren psychischen Funktionen*, Münster [u.a.] 1992).

Wittgenstein, Ludwig: *Philosophische Untersuchungen* (*Schriften* 1), Frankfurt a. M. 1967.

Wittig, Monique: *Die Verschwörung der Balkis*, München 1980.

Ziegler, Albert: *Das natürliche Entscheidungsrecht des Mannes in Ehe und Familie*. Ein Beitrag zur Gleichberechtigung von Mann und Frau, Heidelberg 1958.

Zimmer-Bradley, Marion: *Die Matriarchen von Isis*, Bergisch Gladbach 1979.

찾아보기

찾아보기